Solteira
e feliz da vida!

Título do original norte-americano:
Kiss Me, I'm Single

Solteira e Feliz da Vida!

Direção editorial: **Flávio Machado**
Assistente editorial: **Dirce Yukie Yamamoto**
Tradução: **Yma Vick**
Chefe de arte: **Marcio da Silva Barreto**
Capa, projeto gráfico e ilustração: **Ricardo Brito**
Revisão: **Marcia Nunes**
Auxiliar de revisão: **Adriana Maria Cláudio**
Fotolito da capa: **SERMOGRAF**

Dados Internacionais de Catalogação na Publicação (CIP)
(Câmara Brasileira do Livro, SP, Brasil)

Ford, Amanda.
Solteira e feliz da vida! : sua felicidade só depende de você! / Amanda Ford ; [tradução Yma Vick]. – São Paulo : Butterfly Editora, 2007.

Título original: Kiss me, I´m single.
ISBN 978-85-88477-68-1

1. Auto-aceitação nas mulheres 2. Auto-realização (Psicologia) nas mulheres 3. Mulheres solteiras 4. Relacionamento homem-mulher I. Título.

07-9241 CDD: 306.815

Índice para catálogo sistemático:
1. Mulheres solteiras : Relações interpessoais : Sociologia 306.815

Butterfly Editora Ltda.
Rua Atuaí, 383 – Sala 5
Vila Esperança/Penha
CEP 03646-000 – São Paulo – SP
Fone: (0xx11) 6684-9392
www.flyed.com.br | flyed@flyed.com.br

Impresso no Brasil, no verão de 2007 pela:
SERMOGRAF – Artes Gráficas e Editora Ltda.

1-11-07-3.000

Amanda Ford

Solteira e feliz da vida!

Sua felicidade só depende de você!

Tradução
YMA VICK

BUTTERFLY EDITORA

São Paulo – 2007

Às grandes incertezas da vida. E às grandes mulheres

que caminham, confiantes, rumo ao desconhecido.

Este livro pode mudar sua vida!

"A sabedoria de Amanda Ford é uma luz em meio à escuridão em um mundo onde o casamento já deixou de ser símbolo de *status* social. Compacto, porém muito rico, *Solteira e feliz da vida!* apresenta idéias e conceitos inspiradores e mostra a 'vida de solteira' sob uma perspectiva nova, ampla e fascinante."

KAREN SALMANSOHN, autora dos livros *How to be happy, damnit* e *Even God is single*

Agradecimentos

É INCRÍVEL PENSAR QUE UM LIVRO tão pequeno como este tenha precisado do trabalho de tantas pessoas.

Quero agradecer primeiro a Judy "Lily D" Ford. Sem sua persistência e insistência, este material seria, até hoje, apenas um documento em meu computador. Agradeço a Brenda Knight por estar sempre ao meu lado. E a Jan Johnson, Michael Kerber, Donna Linden, Bonni Hamilton, Skye Wentworth, Pam Suwinsky, Jessie Dacher, Caroline Pincus, Jordan Overby e a todas as "mãos invisíveis" da Editora Red Wheel/ Weiser que trabalharam incansavelmente a meu favor. Este livro excedeu todas as minhas expectativas. Obrigada.

Agradeço também a meu ex-marido por me permitir contar nossa história. E a todos os homens que estiveram em minha vida durante todos esses anos. Agradeço por todas as saladas de espinafre, pelas aulas de dança, mensagens de texto, pelos passeios de bicicleta, bailes, bilhetes apaixonados e pelos convites para comer *sushi* e tomar um drinque. Agradeço e adoro a todos vocês pelo carinho que me deram.

Agradeço a Karen Salmansohn, Bella DePaulo, Diane Mapes e Sasha Cagen por suas palavras e seu apoio. E também a todas as mulheres que dividiram comigo suas histórias e me permitiram publicá-las, pois assim ajudarão muitas outras a se sentirem menos sozinhas.

E, claro, tenho muito a agradecer a minha família e meus amigos, que me auxiliam a manter a sanidade e me dão todo o apoio do mundo mesmo que às vezes eu não mereça. Alexander "Rikki Rikki" Lieu, Melanie O'Dell, Phillip "Shiny" Johnson, Sarah Smith White, Adrienne Schaefer, Becky Masters, Gethen Bassett, Jean Theisen, Kathy "Jean Bean" Sorensen e Phyllis Sorensen, a "Vovó". Todos me ajudaram e me trouxeram muita inspiração. Um milhão de beijos e abraços para vocês.

Sumário

Prefácio

PORQUE NÃO É FÁCIL VIVER SOZINHA; porque o mito de que o amor é um luxo raro, acessível apenas àquelas que são casadas, ainda persiste; porque às vezes um pequeno livro escrito em linguagem simples pode ajudar muito; porque toda mulher tem o direito de reconhecer e admitir sua própria beleza, de descobrir suas verdadeiras paixões e de ter uma vida cheia de alegria, independentemente de seus relacionamentos.

Por tudo isso,

eu lhe ofereço este livro.

1

Tragam as gatinhas!

Paixão é o que acontece enquanto estamos ocupadas amando nossa própria vida.

ÀS VEZES SER SOLTEIRA é quase um estado de emergência. Tenho a sensação de que um alerta vermelho dispara sempre que meus amigos casados me perguntam se estou saindo com alguém e respondo que "não" pela décima vez. Ou quando minha avó olha para mim zangada e diz: "As mulheres de hoje querem tudo, mas não sabem nem sequer como fazer um casamento dar certo. É preciso ceder". Ou então quando começo a fazer os cálculos e percebo que, se quiser namorar durante alguns anos antes de me casar, viajar o mundo com meu marido e ainda me tornar mãe com idade plausível, deveria estar namorando há, pelo menos, um ano e meio.

Há um ano e meio! Alerta vermelho! Emergência! Ei, temos aqui uma solteirona; uma jovem quase velha, uma mulher sozinha, sem um homem; uma verdadeira bruxa. Tragam as gatinhas!

Não é fácil ser solteira. E às vezes acho que nem é possível para uma mulher viver sem um homem. É a falta de um complemento, de alguém que a acalme em momentos de desespero, que controle seus anseios, sua maneira muitas vezes intempestiva de agir. Assim não! Não corra tanto! Não tente alcançar o impossível! Não mesmo. Uma mulher sem um homem? Nem pensar.

AI DE MIM, AI DE NÓS. Ai das mulheres que vivem sozinhas e anseiam por amor. Ai das mulheres que têm medo da solidão e acabam ficando com homens que não as fazem felizes de verdade. Ai de nós que temos no coração um vazio que nada parece preencher. Ai de nós que estamos sozinhas por falta de companhia ou sozinhas mesmo acompanhadas. Ai de nós que tentamos manter a barriga lisa e firme, os glúteos firmes, as unhas pintadas e os cabelos bem tratados na esperança de atrair a atenção dos homens. E "ai" é a única coisa que se pode dizer quando passamos o dia a suspirar e nosso coração a implorar "me ajude, me ajude, me ajude".

Pare! Respire fundo! Calma! Relaxe! Não se preocupe. É um alarme falso. Essa história de que os relacionamentos amorosos são a única fonte de felicidade na vida é uma grande bobagem que inventaram para nos deixar desesperadas sem motivo.

Ser solteira pode não ser fácil, mas não representa um estado de emergência e sim o estado natural da vida. Pense: todos nascemos solteiros, com individualidade própria. Até mesmo os gêmeos nascem um de cada vez.

NÃO ESTOU DIZENDO que os relacionamentos amorosos não têm valor. O desejo de partilhar nossa vida com outra pessoa é algo tão natural como nascermos nus. Devemos buscar o amor incansavelmente, mantendo o coração aberto para nos relacionarmos e nos permitirmos crescer além dos limites de nossa existência.

Os relacionamentos nos ajudam a crescer e nos tornam mais carinhosos, condescendentes e gentis com as pessoas ao nosso redor. Oferecem segurança, conforto e ajudam a diminuir nossas preocupações e as grandes questões existenciais que perturbam nosso espírito. São verdadeiros tesouros que merecem ser conquistados.

MAS NÃO DEVEMOS PARTIR EM BUSCA do nosso ideal com tanto desespero a ponto de nos esquecermos de nós mesmas. Não seja como aquelas tolas que não se dão o devido valor por causa do amor de um homem. É tão importante conhecermos a nós mesmas quanto ao nosso parceiro.

Acredite: amar a si mesma é essencial e divino. O relacionamento mais importante de sua vida é o que você estabelece consigo própria. Não duvide disso nem por um segundo. A busca pela pessoa amada jamais deve ser considerada mais importante que o autoconhecimento.

Claro, o simples fato de acreditarmos na busca não a torna mais fácil. Amar nunca é fácil, principalmente amar a nós mesmas.

Já disse e repito: ser solteira não é fácil.

CONHEÇO UMA MULHER que tem como único objetivo de vida arranjar um marido. Toda vez que um homem cruza seu caminho ela se joga em direção a ele de braços abertos, pronta para agarrá-lo, e diz: "Este é o homem certo. Estou apaixonada, completamente apaixonada, pode acreditar!".

Mas nenhum deles parece ser o homem de sua vida. Todos acabam fugindo e se afastando dela, é claro. Ninguém gosta de se sentir sufocado, por melhores que sejam as intenções do parceiro.

CONHEÇO UMA MULHER que passa o tempo todo esperando que um homem apareça e a faça viver. Não tem amigos, interesses ou carreira. Seu único desejo é ser amada. Seu único assunto é falar de encontros. Fico imaginando em algo que lhe possa trazer alegria. Será que ela não gosta de ler? De ouvir música? De fazer caminhadas, de ouvir os pássaros? Ou só se interessa por sexo?

Quando tento imaginar o que ela faz nas horas livres só consigo vê-la sentada no sofá, com a TV ligada, ou olhando pela janela à espera... Seus relacionamentos são sempre curtos e rápidos. Embora o conceito de "ser tudo para alguém" pareça ideal, uma relação em que isso acontece acaba revelando uma co-dependência e se tornando um grande fardo para um dos dois.

CONHEÇO UMA MULHER que deseja amar e ser amada tão profundamente que nem sequer fala disso com as pessoas. Vive como uma criança supersticiosa, que guarda em segredo sua vontade de ganhar um presente no Natal, pois tem medo de que seu desejo não se realize caso comente com alguém.

A vulnerabilidade é seu maior inimigo, por isso ela disfarça seu sofrimento sorrindo de maneira confiante e fazendo piadas sobre a incompetência da espécie masculina. Se um Cupido a flechasse diretamente no peito, ela nem sentiria. Está completamente fechada para o mundo.

CONHEÇO UMA MULHER que diz amar demais o namorado para deixá-lo partir. Insiste em dizer que não conseguiria encontrar outro homem tão maravilhoso. Mas como ele não a beija de uma maneira que a satisfaça, ela passa o tempo todo imaginando como seria beijar outros homens.

Como não está feliz com seu relacionamento nem consegue terminá-lo, vive em um estado de constante incerteza e diz que vai acabar traindo o namorado. Fico surpresa com o fato de ela não entender como ele não a satisfaz. Qual é a novidade, afinal? Todo mundo sabe também que relacionamentos incompletos nunca dão certo.

Chegou a hora de colocar de lado suas convicções sociais e ser honesta consigo mesma. Chega de dúvidas. Dê a si mesma o crédito que merece. Assuma seu coração. Diga sim. Estabeleça uma existência cheia de alegrias independentemente de seus relacionamentos. Apaixone-se por você mesma. Faça disso a maior prioridade em sua vida.

O VERDADEIRO AMOR NÃO TEM A VER com as outras pessoas. É um estado de espírito. É a maneira como interagimos com a vida. Faça disso um mantra: "Amar não tem a ver com as outras pessoas. É um sentimento que existe em meu coração".

Repita essas frases diversas vezes. Memorize-as. Coloque-as em prática na sua vida. "Amar não tem a ver com as outras pessoas. É um sentimento que existe em meu coração."

MINHA PROFESSORA DE REDAÇÃO CRIATIVA na faculdade sempre dizia que, para sermos escritores bem-sucedidos, não podemos contar apenas com a inspiração, que nos ajuda, com certeza, a criar frases e histórias maravilhosas. Mas não é suficiente para garantir uma carreira promissora.

Escrever bem exige concentração, rotina, comprometimento. Histórias coerentes, belas e que podem se transformar em *best-sellers* não surgem de uma hora para a outra. Escrever é uma arte que se desenvolve com muitos meses e anos de prática e atenção.

"**VOCÊ DEVE SE TORNAR DIGNO** de receber a inspiração das musas", dizia minha professora de redação criativa. "Ela só surge depois de suarmos muito." E repetia sempre que devemos trabalhar muito primeiro para colher os frutos depois.

É preciso escrever, escrever e escrever mesmo quando as palavras parecem faltar. As musas são seres muito especiais, mas não ajudam quem apenas imita os outros e vive dizendo que quer se tornar um escritor famoso, porém não se dedica com afinco à arte de escrever.

CRIAR UMA VIDA CHEIA DE ALEGRIA é como ser um grande escritor. Exige a mesma dedicação e consciência para merecermos a inspiração das musas.

A alegria não surge no coração de quem não se esforça para crescer, mas se entrega à inveja ou à autopiedade. Ela só existe para aqueles que seguem em frente, amam e conhecem cada vez mais a si mesmos.

TIRE SEU TRASEIRO DA CADEIRA e comece a trabalhar. Busque incansavelmente a alegria dentro de si mesma. Descubra aquilo que deve fazer para trazer mais alegria à sua vida. Eduque-se. Leia sobre Jesus, sobre Buda. Descubra a filosofia, a psicologia e a poesia. Abra sua mente. Mas lembre-se de que não é fácil crescer emocionalmente.

Ao olhar para dentro, descobrimos facetas que não nos agradam, porém é preciso lutar para mudar o que nos incomoda e nos tornarmos mais íntegras e positivas diante da vida. É um processo doloroso. Ao fazer uma limpeza interior, podemos chorar, gritar e até perder as esperanças em alguns momentos, mas vale a pena. Sem a menor sombra de dúvida, vale a pena, minha amiga.

2

Uma corrente pode ser forte, mas seus elos, sozinhos, são fracos

Uma verdade básica

da vida é que, para sermos felizes

e completas, precisamos estar

satisfeitas com a nossa pessoa.

Um bom relacionamento faz com

que a vida seja melhor e mais alegre,

com certeza, mas não se pode

transformar uma relação mediana

em algo perfeito.

EU JÁ VIVI UM CASAMENTO. Já usei um anel de diamante na mão esquerda e me casei em um jardim florido e decorado, com damas de honra e tudo a que tinha direito, e os olhos dele se encheram de lágrimas de emoção ao dizer "sim".

Já os meus não derramaram lágrimas naquele dia. Eu tinha chorado a semana inteira antes do casamento. Creio que foi o primeiro sinal de que as coisas entre mim e Evan não iam bem: lágrimas demais, cedo demais e pelos motivos errados.

AS LÁGRIMAS CONTINUARAM NO DIA em que Evan e eu chegamos da lua-de-mel e durante o ano inteiro. Chorei muito, principalmente no dia em que visitamos uma amiga minha da faculdade que tinha acabado de montar seu apartamento.

Ela comprou um sofá branco e espalhou sobre ele almofadas de veludo vermelho e outras cor-de-rosa. Sempre sonhei ter um sofá como aquele, mas Evan não gostava de móveis brancos nem da combinação de vermelho e rosa. No dia em que fomos comprar os móveis para a nossa casa, tive de abandonar meus sonhos e me conformar com o bege.

TENTEI ME CONFORMAR. Afinal, era apenas um sofá. Seria muito egoísmo de minha parte criar uma discussão só por causa das cores de uma sala. Tentei lembrar a mim mesma que casamento exige comprometimento.

Pensando bem, o bege não era tão feio. Era um tom neutro que combinava com tudo, e bem mais fácil de manter limpo que o branco. Mas no fundo, bem no fundo de meu coração, eu sabia que não ia conseguir passar o resto da minha vida com aquele sofá bege na sala.

NÃO COSTUMO TOMAR DECISÕES baseada apenas no aspecto praticidade. Gosto de viver rodeada de cores e de vivenciar meus sonhos. Evan se irritava com minha maneira sonhadora de ser e eu achava seu mundo racional sem graça.

Não foi surpresa quando nosso relacionamento terminou. Se marido e esposa só conseguem ver características negativas um no outro, não há amor e compreensão que resistam.

EVAN E EU TÍNHAMOS 22 ANOS quando nos casamos, portanto não tive tempo para realizar alguns sonhos antes de me casar. Quando ficamos noivos, muitas mulheres olhavam para a aliança em meu dedo e diziam: "Nossa! Você ainda é muito jovem para isso!". Eu as ignorava.

Para mim, a sedução do casamento era algo muito forte. Queria um homem só meu e estabilidade. Claro, isso tem a ver com minha infância. Fui criada por uma mãe solteira e cresci com uma imagem dúbia e estereotipada de meu pai. Às vezes, ele vinha me visitar quando eu era criança, mas passava a maior parte do tempo longe.

É uma história bastante comum. E ninguém acha estranho quando digo que me casei com Evan porque ele era a representação do pai que eu nunca tive. É um homem honesto, trabalhador, bonito e confiável. Se dizia que ia me buscar às seis horas da tarde, chegava no horário em ponto. Só isso para mim já era maravilhoso.

Quando estamos tentando entender a nós mesmas, a melhor coisa a fazer é analisar o perfil de nosso pai. Ele esteve presente ou ausente em nossa infância? Ele nos amava ou nos maltratava? Era tímido, expansivo ou alternava entre os dois? Seja como for, nosso pai desempenhou um papel importante na formação da mulher que somos hoje.

O SOFÁ BEGE NÃO FOI A CAUSA de minha separação de Evan, mas é o símbolo do fato de que eu não estava pronta para me casar.

Cada pequena concessão que eu fazia era como perder parte de minha personalidade. Percebi que meu relacionamento estava no fim quando me imaginei convencendo minhas próprias filhas a não se casarem cedo: "Viajem, conheçam o mundo!", "Morem sozinhas, descubram a si mesmas, saiam, conheçam e namorem muitos homens".

Evan e eu nos separamos
não por ódio, mas por amor.
Sabíamos que o relacionamento
não funcionava mais e que, para
crescermos, teríamos de seguir
caminhos diferentes. Sabíamos que,
antes de formar um casal, tínhamos
de ser indivíduos completos.
Uma corrente pode ser forte, mas
seus elos, sozinhos, são fracos.

Temos sorte hoje
em dia. Podemos viver
100 anos e fazer tudo,
inclusive nos casar
ou continuar solteiras.
Nossa vida permite
essa flexibilidade.

Que bom! Podemos escolher. Isso significa que não precisamos passar todo o nosso tempo livre em uma busca desesperada por relacionamentos. Aproveite seus momentos de solidão, pois eles podem durar pouco. É possível que, no futuro, você sinta falta de tudo o que deixou de viver.

MINHA AMIGA ERIKA TEM UM NAMORADO. O relacionamento começou há quatro meses, e aquele sentimento arrebatador, que preenche todos os segundos de um início de romance, já está se estabilizando à medida que os dois se conhecem melhor.

Hoje eles têm uma rotina em comum: preparam o jantar, assistem à TV e conversam muito pelo telefone. Mas Erika sente falta da rotina que tinha antes: "Não escrevo mais, nem toco violão. Passo o tempo todo gravitando em torno do relacionamento com meu namorado. Sempre me considerei uma artista, mas neste momento me sinto qualquer coisa menos uma artista. Sou namorada em tempo integral e isto já está começando a me cansar".

MINHA AMIGA GEORGIA ADORA SUA FAMÍLIA. Seu marido é bonito e carinhoso. Os dois gostam de cozinhar juntos e costumam sair para dançar. Seus filhos sempre dizem que a amam e ela corresponde a esse amor. Georgia tem suas atividades e hobbies, um corpo bonito e um carro conversível. Enfim, tem a vida que a maioria das mulheres gostaria de ter.

Embora seja grata por tudo isso, às vezes sente uma tristeza que não consegue explicar. Isso a incomoda muito. Ela se repreende, tenta ocultar o sentimento ou simplesmente ignorá-lo. Não sabe como lidar com isso. Será um desequilíbrio químico? Ou apenas o caso típico de uma mulher norte-americana de classe média que tem tudo, mas nunca se sente satisfeita? Ela não consegue descobrir o que é.

Assim seguimos pela vida, com ansiedade e incerteza. A luta emocional é parte necessária da condição humana. Impossível viver sem angústias. Pessoas solteiras se preocupam com sua situação e pessoas casadas com seu relacionamento. Todos nos preocupamos em saber se estamos aproveitando a vida ao máximo.

Não é fácil ser solteira,
nem estar casada.
Não é fácil ser mulher,
nem ser homem.
Estar vivo, dar o melhor
de si e aproveitar
ao máximo o tempo
neste planeta é uma
tarefa árdua.

Já faz anos que Evan e eu nos separamos. E para ser muito honesta, hoje tenho tanto medo de morar outra vez com alguém que meu coração dispara só de pensar. Por outro lado, preocupa-me a idéia de jamais ter outro relacionamento, e meu coração também dispara toda vez que penso em passar sozinha o resto dos meus dias.

Tanto as pessoas casadas quanto as solteiras têm medo. De tempos em tempos minha mente dispara: "Mas e se...? E se...? O que perco se me casar novamente? E o que perco se continuar solteira?".

Quando foi que comecei a prender a respiração desse jeito? Depois de me divorciar ou antes? E a manter os dentes cerrados? E a contrair tanto os ombros a ponto de eles quase tocarem minhas orelhas? Quando exatamente a tensão passou a ser minha companheira constante?

É ESTRANHO TER DE ME LEMBRAR de respirar mais profundamente. Inalar, exalar. É algo tão natural, mas acabo me esquecendo. "Respire fundo", fico repetindo. "Relaxe o maxilar. Relaxe os ombros. Relaxe. Relaxe." Luto para deixar meu corpo mais solto e minha respiração mais profunda o tempo todo.

Tento me lembrar de que, embora eu não a veja, uma força divina está presente em minha vida. Não preciso me preocupar com o futuro. Basta viver o presente, estar consciente do momento que vivo agora, dar um passo de cada vez, tomar uma decisão de cada vez. Tudo acontece da maneira certa, no momento certo. Só preciso confiar. Relaxar e confiar.

3

Estabeleça um ambiente aconchegante e tranqüilo para você

Para muitas mulheres, **estar sozinha é uma** questão de gosto. **Assim como queijo** selecionado ou chocolates **finos, o prazer de ser** solteira não é algo que se **note à primeira vista.**

UMA CONHECIDA ME PERGUNTOU: "Que tipo de livro você está escrevendo?". Respondi que é um livro que ensina mulheres solteiras a ter uma vida completa e feliz. Ouvindo isso, outra conhecida (que, por coincidência, é solteira) franziu a testa e fez cara de quem tinha acabado de tomar suco de limão pensando ser laranjada. "Eu jamais leria um livro assim", disse. "Por que não?", perguntei. "Não gosto de ser solteira nem quero gostar", foi a resposta. "Quero me casar."

ESSA MOÇA MUITO PROVAVELMENTE não irá se casar, pois não tem o perfil de uma noiva. Embora seja uma mulher muito bonita e os homens se sintam atraídos por ela, uma vez que está sempre namorando alguém, eles não ficam muito tempo ao seu lado. Terminam o relacionamento por julgá-la imatura, superficial e sem dar mostras de querer melhorar. O fato de dizer que não gosta da vida de solteira mostra que não está interessada em seu crescimento pessoal.

"É uma idiota", pensei
no dia em que a encontrei.
"Será que não sabe que homem
algum no mundo a fará feliz
se ela mesma não estiver
disposta a se sentir assim?
Que mulher deixaria de
aproveitar a vida de solteira
se tivesse uma oportunidade?
Ela não vive neste mundo.
Insegura! Tola! Superficial!"

MAS COM O PASSAR DO DIA, à medida que me lembrava de nossa conversa, comecei a enxergá-la de outra maneira. Percebi que, na verdade, o que ela queria dizer ao afirmar que não gostava da vida de solteira é que não queria deixar de desejar estar com um homem.

Tem medo de gostar tanto de ser solteira a ponto de deixar de lado sua vontade de se casar e de ter uma família. Teme se tornar independente demais, começar a detestar os homens e perceber, aos 40, 50 ou 60 anos, que se dedicou demais à vida de solteira. Tem medo de que a paixão pela vida de solteira resulte em uma velhice solitária.

ANALISANDO AINDA MAIS A SITUAÇÃO, percebi que tenho idéias tão obstinadas quanto as dela. Estou tão preocupada em ser feliz solteira, que acabo ignorando outro desejo que ainda existe dentro de mim: o de unir minha vida à de um homem.

Tenho medo de que esse desejo me domine a ponto de me tornar dependente dele e perder minha identidade. Tenho medo de deixar de lado meus sonhos e aspirações e me conformar em ser apenas uma esposa servil.

MAS BASTA ME OLHAR para perceber que eu jamais me tornaria uma pessoa dependente, assim como aquela mulher que teme gostar de ser solteira jamais se tornaria independente.

Tanto o medo dela quanto o meu são ridículos. Aliás, a maioria dos medos é ridícula. Aquilo que mais tememos raramente acontece e, no entanto, o medo nos paralisa e nos faz perder a noção da realidade.

MAS AS MULHERES QUE QUEREM se casar e as que querem se sentir bem como estão não são inimigas nem tão diferentes umas das outras. Todos temos algo a ensinar às pessoas. Não é a dependência ou a independência de uma pessoa que a faz feliz, e sim a união das duas coisas.

Uma mulher realmente evoluída entende e aceita seus desejos mesmo quando eles parecem contraditórios. Analisa a si mesma com total honestidade e está aberta a tudo o que vê. Enfim, uma mulher evoluída não tem medo de seu "eu".

O SEGREDO PARA AMAR A VIDA de solteira não é negar o desejo de ter um relacionamento. O segredo é se sentir bem consigo, mesmo quando parece não haver perspectiva. É lembrar que a vida é um paradoxo constante.

Queremos nos encontrar, ficar de bem com nosso "eu" e também nos entregar a um romance de verdade. Desejamos a alegria e as aventuras da vida de solteira e também a rotina e a estabilidade de um relacionamento. A vida não tem apenas um lado ou um aspecto; ela é a união de todos eles. Na verdade, tudo pode acontecer ao mesmo tempo.

Como uma mulher pode gostar de ficar sozinha? Uma mulher começa a gostar de ficar sozinha ficando sozinha.

Mas por que uma mulher **iria gostar de ficar** sozinha? Porque estar **sozinha é como estar em** território sagrado.

ESTABELEÇO, ENTÃO, a campanha a favor do silêncio. É hora de ficarmos quietas. Vote pelo silêncio! Não escolha nada para fazer! Escolha o tédio! Pressione a tecla "mudo"! Desligue a TV. Desligue o celular. Desligue o computador. Saia para caminhar sem o mp3. Dirija o carro sem ligar o rádio. Tome uma xícara de café sem ler o jornal ao mesmo tempo. Está na hora de parar e olhar para o espaço. Está na hora de dizer: "Olá, 'eu'. Como vai?".

PARECE ATÉ UM DAQUELES EXERCÍCIOS comuns de elevação de auto-estima que as professoras de escolinhas *new age* passam para os alunos: "Olá, meu 'eu'. Como vai? Eu amo 'você'". Parece mesmo uma idéia tola.

É absurdo o fato de nos deixarmos influenciar pelo mundo exterior a ponto de ignorarmos o nosso universo interior. É absurdo ver as pessoas falando ao celular em restaurantes, livrarias e galerias de arte. É absurdo ver a indústria da fofoca sobre a vida das celebridades. É absurdo ver uma amiga falando sobre personagens de novela como se fossem seus amigos de verdade. É absurdo pensar que, semana passada, tive um momento de ansiedade aparentemente incontrolável, fui até uma loja de roupas e gastei o dinheiro que não tenho com coisas das quais não preciso e, pior ainda, que nem queria.

É absurdo estarmos tão desligadas de nós mesmas que, mesmo sendo adultas, temos de começar do zero quando se trata de aprender sobre nosso "eu".

1 + 1 = 2.

G-a-t-o formam a palavra "gato".

Para conhecer-se e estar bem consigo mesma, você tem de passar mais tempo sozinha, perguntar-se como estão as coisas em seu interior e o que realmente deseja da vida.

E principalmente: ficar quieta durante um bom tempo para poder ouvir as respostas.

CONHEÇO UM HOMEM E UMA MULHER que afirmam estar loucamente apaixonados, mas reconhecem que trabalham demais e não conseguem passar muito tempo juntos.

Para resolver o problema, decidiram passar um fim de semana na praia. Longe de tudo, teriam mais tempo um para o outro. Mas logo descobriram que o ritmo da cidade praiana era muito mais lento que aquele ao qual estavam acostumados e acabaram ficando entediados. "Não tínhamos o que fazer", disse o marido. "Sim", completou ela. "Andávamos pela praia, comíamos frutos do mar e depois ficávamos pensando aonde mais podíamos ir." Nas férias seguintes resolveram ir a Las Vegas, e então se divertiram muito. Afinal, como disse a esposa: "Foi bastante agitado e estimulante".

VOCÊ CONSEGUE IMAGINAR ESSA SITUAÇÃO? Será que duas pessoas que se amam não precisam se distrair uma com a outra em vez de uma da outra? Será que o barulho das ondas não é fundo musical suficiente para um casal apaixonado? Quem acharia entediante a idéia de passar dois dias inteiros simplesmente olhando nos olhos e desfrutando da companhia da pessoa amada?

Aprender a se sentir bem ficando sozinha e em silêncio lhe permite não apenas estar mais disponível para as pessoas ao seu redor, mas também a ouvir melhor, amar melhor, ser uma amiga melhor, uma filha melhor, uma mãe melhor e uma mulher melhor.

Por que temos tanto medo de desligar o celular? Por que insistimos em assistir à TV? Como conseguimos estabelecer uma carreira, ter um negócio próprio ou dar à luz se entramos em pânico só ao pensar em passar o sábado à noite sozinhas? Somos tão fortes e ao mesmo tempo tão fracas. Temos tanta coragem e também tanto medo.

Temos de admitir:
somos vulneráveis e
também doces e gentis.
Sim, cara amiga, você
também é assim.
Seja carinhosa consigo
mesma, pois você tem
um lado muito vulnerável
e um outro muito gentil.

Ser solteira não é fácil. Ficar sozinha não é fácil. Estar sozinha é humilhante e pode levar ao fundo do poço.

CONHEÇO UMA MULHER que namora um homem após o outro desde os 14 anos. Hoje tem mais de 30, mas não fica duas semanas sozinha. Quando um relacionamento acaba, ela logo arranja outro. Às vezes nem espera um relacionamento terminar.

Essa mulher usa a emoção de um novo relacionamento para esquecer o anterior. Mas como não se permite ter um tempo para sentir a perda de um namorado, não consegue se envolver totalmente com o outro. Para sentirmos com toda a intensidade um novo amor, temos de esgotar totalmente a perda do relacionamento que terminou.

NA CIDADE ONDE MORO, Seattle, o céu está sempre encoberto e chove muito. Passamos mais da metade do ano sem ver o sol. Mas vale a pena, pois o verão daqui é um dos melhores do planeta. As montanhas e as árvores ficam totalmente verdes por causa da chuva intensa e o sol... Ah, o sol... Você não tem idéia de como é bom ver e sentir o sol sobre a pele depois de tantos meses sem ele.

Os moradores da cidade nem pensam em se mudar por causa do céu nublado. Se o sol brilhasse aqui o ano todo, não teríamos o esplendor do verão. O mesmo acontece com o amor. Os românticos de verdade jamais se esquivam diante de uma decepção, pois sabem que a dor do fim de um relacionamento é justamente o que ajuda a tornar o próximo relacionamento ainda mais intenso.

ANSIEDADE E MEDO SÃO ELEMENTOS naturais da vida e não podem ser eliminados mesmo com toda a tecnologia, um guarda-roupa cheio de peças das melhores grifes, uma agenda cheia de compromissos interessantes ou um marido. Claro, podemos usar tudo isso como distração ou como uma espécie de droga para anular os efeitos da ansiedade e do medo, mas para ser sincera, não acredito que a fuga seja a melhor maneira de lidar com eles.

Em algum ponto da evolução social humana passamos a rotular como negativas todas as emoções difíceis de serem trabalhadas. Mas não existe emoção ruim ou negativa. Todas têm um papel importante em nosso desenvolvimento. Embora sejam dolorosas, como a tristeza da perda, a raiva de quem foi traído, o medo de uma velhice solitária ou aquela ansiedade súbita que toma conta de nós sem razão aparente, são reações naturais e saudáveis. Permita-se sentir essas emoções. Receba-as de braços abertos, sem medo. Elas não ficam para sempre. Basta darmos a elas a devida atenção durante algum tempo e elas se vão.

Não sei por quê, mas sei que
é verdade: quanto mais fundo
descemos, mais alto subimos.
Se alguém escolhe viver na apatia
para evitar a dor, acaba
esquivando-se da alegria também.
Um dia sua vida se transformará
em uma apatia constante.
Viver sem sentir as emoções
é como estar morto.

PERTO DO PRÉDIO ONDE MORO, há uma pista de cascalhos e um pequeno lago artificial. São quatro quilômetros de alegria para quem gosta de correr.

Logo que me mudei para cá, pensei em me unir aos vizinhos que corriam lá todos os dias após o trabalho. O problema é que nunca gostei de correr. Achava esse tipo de exercício cansativo e desconfortável. Meus pulmões não agüentavam, minha mente se distraía, eu me entediava, ficava cansada e acabava caminhando.

Ia até lá todos os dias não porque gostasse do exercício, mas sim por apreciar a idéia de praticá-lo. Já faz quatro anos que corro ao redor do lago. Hoje, para mim, é um exercício fácil e agradável. Acabei gostando mesmo de corrida. É minha atividade predileta. Não consigo imaginar minha vida sem ela.

VOCÊ PODE ATÉ ACHAR INTERESSANTE a idéia de ser uma mulher confiante, consciente, aberta e estável, mas só o fato de gostar disso não faz com que tenha todos esses atributos.

Desejar ter algo é a melhor forma de motivação, mas é preciso trabalhar e se esforçar para se sentir bem consigo mesma. É como caminhar sobre carvão em brasa. Você pode odiar o processo, mas quando conseguir finalmente vencer a ansiedade, o medo e a tristeza de ser solteira, vai descobrir que é possível se divertir indo jantar sozinha em um restaurante ou passar o sábado à noite em casa descansando e se recuperando de toda a interação social, do barulho e da agitação do mundo lá fora.

4

Gazpacho com creme *fraîche* e muita gratidão

Sustentar o corpo com alimentação saudável e exercícios, manter em dia o saldo da conta corrente, viver de acordo com suas posses, economizando um pouco todos os meses, usar palavras suaves mesmo quando for preciso defender seus pontos de vista e perdoar a si mesma por todos os seus deslizes são atos de demonstração de amor por nós mesmas.

O QUE MAIS PODEMOS FAZER nesta vida além de amar a nós mesmas? Podemos ter carreiras brilhantes, usar roupas de grife, manter impecáveis as unhas dos pés e das mãos, ir a festas e tomar martíni toda sexta-feira, discutir arte e política, ler os grandes clássicos e viajar pelo mundo. Mas nada disso satisfaz se não amarmos a nós mesmas. É a única coisa que importa.

Sem auto-estima, **nenhuma conquista** é possível. Se você **não se amar, jamais** encontrará satisfação **no que quer que seja.** Ficará sempre com a **sensação de que ainda** falta alguma coisa.

TRABALHO MEIO PERÍODO em uma academia de ginástica. Do outro lado da rua, há uma *delicatessen* onde costumo comer sanduíches e biscoitos.

Uma tarde, enquanto tomava meu café durante o intervalo, o rapaz que atende no balcão (e que deve ter entre 17 e 18 anos) me perguntou: "Você trabalha na academia, não?". Respondi que sim e continuei a comer. Para falar a verdade, não considero esse emprego tão interessante. "Você é *personal trainer*?", indagou. "Não, não sou", respondi. "O que você faz então?", ele insistiu. "Trabalho na recepção", expliquei. "Puxa, você fala de um jeito... Dá até impressão que seu trabalho não tem muita importância." Ele estava certo.

Mesmo um rapaz daquela idade pode ter muita sabedoria. Respondi às perguntas dele com muito desânimo. Até minha linguagem corporal deve ter transmitido minha insatisfação. Aquele rapaz me despertou; me ensinou uma lição.

EM ALGUM MOMENTO DE MINHA VIDA, aprendi a menosprezar minha existência. Quando alguém pergunta onde trabalho, digo: "Sou uma simples recepcionista". Quando saio para correr e alguém me pergunta que distância percorri, respondo: "Só uns 4 ou 5 quilômetros". Quando alguém se interessa por meus trabalhos como escritora, explico que "não é assim tão interessante. É apenas um livro". Só, apenas, simples, sem graça, só um pouquinho. Vou parar de usar essas palavras para descrever minha vida.

MINHA AMIGA MARLA É ATRIZ. Se ela pudesse, passaria o tempo todo no palco. Mas claro, como tem contas a pagar, trabalha como garçonete em um restaurante fino em Manhattan; um emprego simples.

Marla espera um dia não ter mais de servir às mesas e viver apenas como atriz das grandes produções da Broadway. Eu penso como ela. Um dia quero deixar meu emprego na academia e viver apenas como escritora.

Na última vez que nos falamos pelo telefone, desabafamos e reclamamos muito de nossa situação. "Odeio o restaurante", disse ela. "E eu odeio a academia." Ela me contou a história de uma atriz medíocre que acabou conseguindo um papel principal só porque namorava o irmão do diretor. Contei-lhe então sobre uma conhecida minha que voltou a estudar para se tornar desenhista de moda. Mas ela não tem de trabalhar meio período porque o pai dela está pagando o curso.

MARLA E EU VIVÍAMOS COM INVEJA das mulheres que estavam em situação melhor que a nossa. Ela me confessou que teve vontade de sabotar o teste de apresentação da moça quando estava com ela no palco. E eu devo admitir que não conseguia ler nenhum artigo, livro ou revista sem me comparar aos autores e morrer de inveja deles.

Para todo lado que olhávamos, Marla e eu víamos alguém mais inteligente, mais talentoso, que trabalhava mais, tinha mais contatos ou simplesmente mais sorte do que jamais imaginávamos vir a ter. Era injusto. Era horrível. Quando iria chegar a nossa vez?

A impressão que tinha era de que nosso dia nunca chegaria. Ficávamos desanimadas, deprimidas e com a impressão de que acabaríamos na sarjeta. Ou acabaríamos desistindo ou morrendo...

ÀS VEZES PARECIA QUE, por mais que eu trabalhasse, não conseguia progredir. Marla também se sentia assim. Não sabíamos se um dia teríamos a vida que desejávamos e, principalmente, se o sucesso que teríamos seria suficiente para nos saciar.

Hoje, parte de nossos ganhos vem de atividades que amamos, mas ainda assim reclamamos o tempo todo. Estamos tão ansiosas para conseguir o que queremos que nem percebemos quanto já caminhamos. Não sei se um dia ficaremos satisfeitas. Mas se não nos contentamos com o que temos agora, quem garante que vamos nos contentar quando "chegarmos lá"? Será que não vamos passar o resto de nossas vidas correndo atrás de trabalho, dinheiro e reconhecimento?

Será que "chegar lá" não significa se sentir grata pelo que temos em nossa vida neste momento? Será que o segredo da felicidade não está em aprender a viver o presente em vez de ansiar pelo futuro? Será que a felicidade não é algo que só existe neste momento e o "chegar lá" que tanto queremos não está exatamente aqui, na nossa frente, ao alcance das mãos?

QUANDO UMA MULHER DESEJA ALGO, acaba tendo logo a sensação de que todas ao seu redor já têm o que ela deseja. O que muitas solteiras querem é arranjar um namorado. Se esse é o seu caso e se você acredita que o mundo à sua volta está cheio de casais felizes e de mulheres satisfeitas com seus homens, devo dizer que você está certa.

O mundo está mesmo cheio de casais felizes e de mulheres satisfeitas. Neste exato momento, há centenas de mulheres lindas refesteladas nos braços de seus fiéis maridos. Elas têm exatamente o que você deseja. Então creio que está na hora de perguntar não apenas a você, cara leitora e amiga, mas a mim também: o que estamos fazendo para mudar nossa situação? Que atitude iremos tomar diante do fato de que tantas mulheres no mundo todo têm o que mais cobiçamos? Você vai se jogar no sofá, desistir e morrer?

E se Deus, uma cigana, uma cartomante ou alguém em quem você confia muito viesse lhe dizer neste exato momento que você vai morrer solteira? O que faria diante da notícia de que, pelo resto de sua vida, você terá de ser a sua própria fonte de amor, carinho, romance e afeição? O que mudaria? Quais seriam suas perspectivas então?

DEIXE-ME EXPLICAR com mais detalhes a questão do "e se", pois esta é uma boa maneira de examinar sua vida de solteira. Eu, pessoalmente, não acredito que uma mulher comprometida com seu crescimento pessoal e que esteja aberta ao mundo acabe sendo, ela mesma, sua única fonte de apoio emocional.

O amor existe em abundância no universo. Se é amor que você quer e se você o cultivar todos os dias, amor é o que você terá. Mas aviso que ele pode não vir na forma de um príncipe encantado em um cavalo alado. Tudo bem, creio que você irá se conformar caso isso não aconteça, porque você já deve saber que contos de fadas são ficção.

EU SOU SOLTEIRA E ADORO ESTA VIDA, mas também adoro amar. Como já disse, a verdade é composta tanto de sentimentos quanto de pensamentos. Somos criaturas amplas e complexas. Temos um universo em nossa alma. Portanto, sou uma solteira confiante e uma romântica inveterada. Estou sempre me apaixonando, não tem jeito. Vivo de coração partido. Mas espero ainda estar sentindo paixões assim aos 80 anos.

PARECE QUE ACABAMOS nos tornando muito exigentes. Queremos romance. Queremos diversão. Queremos anéis de diamante. Queremos guarda-roupas completos. Queremos férias inesquecíveis. Queremos ter a pele totalmente lisa, sem nenhum sinal de idade.

Quando não conseguimos tudo isso, nós nos sentimos inadequadas e frustradas. Você se lembra da personagem Veruca Salt, do filme "A fantástica fábrica de chocolate"? Ela dizia: "Quero um *Oompa-Loompa* agora!". Vamos ser francas. Você já teve acessos desse tipo. Já saiu por aí dizendo: "Quero roupas novas. Quero amigos mais interessantes. Quero ser amada. E quero agora, neste instante!".

Outro dia, um pensamento me veio à mente e me fez sentir melhor. Espero que isso lhe ajude também. A vida não nos deve nada. A própria existência é um presente e por isso nós é que estamos sempre em débito. A única maneira de saldá-lo é com gratidão. A vida não me deve nada, mas eu devo muito a ela.

Ao ver um copo com
água pela metade,
você pode escolher dizer
que ele está meio cheio
ou meio vazio. Você pode
ser uma Poliana ou uma
bruxa malvada, assim
como considerar sua
vida vazia e sem graça
ou completa e feliz.

A boa notícia é que nossos pontos de vista não são eternos e imutáveis. Às vezes, a única coisa que precisamos para transformar uma vida sem graça em uma existência espetacular é uma mudança de perspectiva.

PODE SER QUE VOCÊ JÁ ESTEJA impaciente ao ler estas páginas. Deve estar pensando que eu simplifico demais as coisas e que não é bem assim.

Mas eu insisto: "Ame a si mesma. Mude de perspectiva! Por pior que o mundo possa parecer, seus desejos mais profundos ainda podem se realizar! É perfeito! É perfeitamente possível!". Você pode estar rindo e balançando a cabeça. E pensando que tudo isso que estou sugerindo é muito fácil de dizer, porém difícil de realizar.

Bem, você está certa. **Por isso sugiro uma** técnica simples e **infalível para ajudá-la a** mudar de perspectiva: **faça um jantar especial** para você mesma.

MINHAS AMIGAS SOLTEIRAS sempre reclamam quando têm de ir para o fogão: "Fazer comida só para mim não tem graça. Gosto de cozinhar quando tenho companhia".

Devo admitir que estão certas. Mas não posso aceitar isso como justificativa. Afinal, o fato de uma pessoa não receber um salário altíssimo não é desculpa para deixar de trabalhar e ficar esperando até que o grande emprego apareça.

NÃO ADIANTA FICAR ESPERANDO eternamente uma ocasião especial. Temos de viver o momento presente. Vamos levantar, ir para o supermercado e comprar aquilo que mais desperta nosso apetite. Depois vamos pegar nossas melhores panelas e talheres e colocar um avental bonito. Vamos caprichar no molho, na salada e na sobremesa, acender velas e ouvir aquele CD maravilhoso. Vamos deliciar nossos sentidos, relaxar e saborear este momento especial. Que o jantar desperte em nós o prazer de viver e de sermos mulheres solteiras, inteligentes e capazes.

Não é porque você não está jantando com um príncipe encantado que não pode desfrutar de um jantar de rainha. Não é porque vai dormir sozinha que não pode colocar sua melhor *lingerie*. Não é preciso estar se relacionando com alguém para ter uma noite especial.

Somos mulheres,
somos femininas. Somos bonitas
e merecemos ter consciência disso
para viver melhor e desfrutar
de nossa beleza. Que possamos
sempre olhar para nós mesmas
e ver o que temos de mais belo,
independentemente de o termos
com um homem ao nosso lado.

CONHEÇO UMA MULHER SOLTEIRA que adora cozinhar. Faz pratos deliciosos: caldos, cozidos, saladas e até molho verde com alho e hortelã. Seus prediletos são suflê de queijos, *gazpacho* com creme *fraîche*, vitela ao molho de espinafre e uma torta de limão crocante.

Cada vez que prepara um jantar para um namorado novo, recebe um pedido de casamento (o que prova que é realmente pelo estômago que se prende um homem). Mas ela sempre responde: "Para que vou me casar se posso continuar solteira?".

E ELA ESTÁ FALANDO SÉRIO. Prefere continuar solteira, não porque seu coração esteja fechado para o amor, muito ao contrário. Sua vida é cheia de romance e de relacionamentos íntimos. Também não é uma pessoa egoísta ou solitária.

Ela simplesmente prefere o silêncio a conversas vazias e uma vida de surpresas ao invés da rotina. Gosta de tomar um longo banho e fazer ioga antes de dormir. Sente prazer de acordar e preparar com calma chá de jasmim, depois abrir a porta e brincar com o gato do vizinho que vem cumprimentá-la e se esfregar em seus pés.

Mas quando digo
"cozinhe para você mesma"
não estou falando de comida
congelada que vai ao forno de
microondas, mas sim de abrir
o livro de receitas e escolher a
que mais apetece ao seu paladar.
Não precisa ser algo complicado.
Basta ser especial para você:
peixe grelhado, salada orgânica,
almôndegas ao molho ou até
mesmo um creme *brûlée*.

ALIMENTOS CONTÊM ENERGIA, principalmente os saudáveis. Eles nos dão ânimo e nos fazem bem. Preste atenção a tudo o que você ingere, pois cada partícula de alimento que entra em seu corpo tem influência direta sobre sua vida.

Preste atenção em seu corpo. Ouça o que o estômago, o organismo e as células lhe dizem. Alimentos saudáveis são a base de nossa estrutura. Sem eles, jamais teremos a vida completa que tanto queremos.

Você pode conquistar
o mundo se conseguir se
sentar à mesa e comer
com calma, saboreando
os alimentos durante uns
30 minutos e saciando
lentamente a fome.
O mundo é como uma
ostra: abre-se a quem
tem paciência.

SE VOCÊ CONSEGUIR SE REEDUCAR em termos de alimentação, dedicando tempo para preparar suas próprias refeições e comendo alimentos mais saudáveis, começará a ter mais coragem para enfrentar a vida. Quem consegue cuidar bem de si mesma supera qualquer coisa.

A alegria e o cuidado com o corpo podem influenciar todas as áreas de nossa existência. Que venha a solidão! Que venha a tristeza! Que venham as desilusões! Nada disso tem o poder de abatê-la, porque você sabe exatamente como acalmar seu coração.

CLAIRE NÃO IMAGINAVA QUE IRIA ser solteira durante tanto tempo. "Tenho 40 anos e me sinto muito bem", diz ela. "Pensei que já estaria casada com essa idade. E com filhos adolescentes." Mas, por razões que ela mesma desconhece, ainda não encontrou seu par.

Quando alguém lhe pergunta como se sente por ser solteira, ela explica que já sofreu muito. "A pior época do ano para mim sempre foi o Dia dos Namorados. É uma comemoração ridícula." Realmente, é um dia programado pela mídia para ser meloso e sentimental, mas especialmente lucrativo para o comércio!

CLAIRE SE SENTIA PÉSSIMA no Dia dos Namorados. Deprimida, insatisfeita, abandonada, feia, cansada e sozinha. Era uma data terrível, que a fazia sentir com toda a intensidade a falta de um marido e de uma família.

Chegou a questionar a existência de Deus e concluir que, caso ele existisse, só podia ser uma entidade sarcástica e má por deixá-la tanto tempo solteira. Menosprezava Deus. "Afinal, quem, em seu juízo perfeito, daria um arco, uma flecha e o controle de um assunto tão importante quanto o amor a um bebê de fraldas?" Maldito Cupido!

EM SEU QUADRAGÉSIMO ANIVERSÁRIO, um dia antes do Dia dos Namorados, Claire teve um momento de lucidez sentada em frente à TV (o lugar mais improvável do mundo para isso). "Estava assistindo a um *show* em que uma solteirona chata passou mais de 20 minutos criticando os amigos e colegas de trabalho que tinham namorados ou namoradas e gostavam de comemorar. De repente percebi que eu era igualzinha a ela. Tinha me tornado a solteirona em pessoa." Isso sem mencionar que ela também detestava aquele tipo de *show* na TV.

CLAIRE SE ARREPENDEU de tudo imediatamente. Foi como se visse uma luz à sua frente. Queria se redimir. O problema não estava no Dia dos Namorados, mas sim nela mesma. "Percebi que tinha criado meus próprios problemas. Tive relacionamentos muito bons no passado. Só porque eles não resultaram em casamentos isso não significa que o Dia dos Namorados tenha se tornado uma data fatídica."

Desligou a TV, foi até o mercado e comprou uma dúzia de rosas vermelhas e uma caixa de chocolates em forma de coração. No dia seguinte, convidou sua vizinha (uma senhora de 73 anos) para jantar e preparou uma deliciosa sopa de frutos do mar e alguns drinques. Acendeu velas e colocou um CD de música francesa. Envolvidas pelo perfume das rosas, as duas passaram horas conversando sobre o primeiro beijo, desilusões amorosas e suas expectativas para o futuro.

Hoje, em vez de se sentir abandonada no Dia dos Namorados, Claire sai para se divertir.

VALE RESSALTAR QUE SUA ATITUDE se refletiu em todos os dias do ano. Claire finalmente entendeu que o amor e a paixão pela vida são coisas que desenvolvemos dentro de nós mesmas. Não são superpoderes concedidos a alguns poucos seres afortunados.

Hoje, Claire é uma pessoa mais segura de si. Vive com muito mais tranqüilidade, pois sabe que, se consegue estar feliz consigo mesma no Dia dos Namorados, também é capaz de enfrentar qualquer problema na vida.

5

Amor, ao contrário do dinheiro, dá em árvores

Por que será que os únicos relacionamentos que valorizamos são os que levam ao casamento? Por que acreditamos que o único amor que vale a pena é um amor romântico que dura por toda a eternidade?

Você já saiu para andar de bicicleta à noite quando as ruas estão vazias? Se ainda não fez isso, precisa fazer!

EU FIZ ISSO COM UM NOVO AMIGO meu chamado Nathan. Telefonei para ele no final da tarde e perguntei: "Que tal irmos ao cinema hoje?". Ele gostou da idéia e disse: "Sim. Vamos de bicicleta?". Eu concordei.

Eram quase nove horas da noite quando saímos e eu acabei me apaixonando pela experiência. Adorei sentir o ar fresco, passear pelas ruas tranqüilas, admirar a lua crescente no céu e passar em meio à neblina que começava a se formar, além de sentir o movimento de minhas pernas e observar o cabelo de Nathan ao vento.

CONHEÇO NATHAN há apenas três semanas e nos damos tão bem que parece até que nos conhecemos há mais tempo. Somos, literalmente, apenas amigos. Não nos beijamos, não andamos de mãos dadas ou coisa alguma que os namorados costumam fazer.

Para falar a verdade, nem sei se gostaria de ficar com ele ou se ele desejaria ficar comigo. A única coisa que sei é que semana passada ele me trouxe uma caixa de romãs. Agora é a época dessas frutas. Ele deve ter visto a caixa e imaginado que eu ia ficar contente ao recebê-las. Foi um gesto muito simpático. Comi algumas na manhã seguinte, lembrei-me dele e sorri. E, quando fomos ao cinema à noite tive, de repente, vontade de encostar a cabeça em seu ombro enquanto assistíamos ao filme.

ESTOU FAZENDO UMA EXPERIÊNCIA diferente com Nathan: aproveito os momentos que passamos juntos sem ficar imaginando o que pode acontecer no futuro. Não fico sonhando com beijos ao final da noite nem me perguntando se ele será o pai dos meus filhos. Simplesmente me tranqüilizo e digo a mim mesma que não tenho resposta para a pergunta "o que está acontecendo entre vocês dois?". Tento me concentrar apenas no que é importante agora.

Neste momento de minha vida, estou me deliciando com romãs frescas e passeios de bicicleta durante a semana em meio à neblina. Que importa se não há palavras para descrever esse tipo de relacionamento? Que diferença faz se isso vai acabar em namoro ou não? Será que não posso estar feliz simplesmente com o prazer de compartilharmos sensações gostosas como a do vento no rosto e a companhia um do outro?

POR QUE TEMOS ESSA MANIA de classificar e dividir tudo em categorias? Em que nos ajuda essa classificação? Pense: há pessoas casadas que traem ou tratam muito mal seus cônjuges. Ter um título de "marido" ou "esposa" não nos impede de agir de maneira obsessiva ou desonesta.

Na verdade, os títulos não fazem nenhuma diferença se tratamos mal as pessoas. São apenas palavras, sons que emitimos e que nem sempre conseguem expressar a complexidade dos relacionamentos humanos.

MUITAS VEZES, UM SIMPLES ABRAÇO consegue transmitir mais afeto, carinho, amparo e bem-estar do que qualquer frase ou discurso. É mais importante amar as pessoas que temos em nossa vida do que tentar classificá-las.

Vamos comemorar, nos divertir, aproveitar o lado bom da vida e deixar de fazer classificações. Paremos de nos preocupar tanto em analisar o mundo ao nosso redor e tentar, ainda que por alguns instantes, entregar-nos ao lado belo e espiritual da vida.

MAS COMO ENCONTRAR O LADO BELO e espiritual da vida? Ainda bem que você perguntou. Não é tão fácil viver o momento presente, aproveitando cada minuto. É um estilo de vida que exige mudanças em nossa maneira de ser e de pensar.

Determina que deixemos de lado a preocupação, que tenhamos mais fé e troquemos o mundo dos desejos e da ambição pelo paraíso da satisfação e da gratidão.

HOJE, PARE POR UM INSTANTE e deixe a mente se aquietar. Tente não pensar no passado nem fazer planos para o futuro. Deixe de lado as análises e as classificações. Diga à sua mente: "Relaxe, não se preocupe nem tenha medo. Tudo está bem. Tire alguns momentos de descanso. Vou chamá-la novamente quando surgirem contas a pagar, reuniões e trabalho a fazer. Mas agora vou simplesmente aproveitar o dia e viver sem comentários ou análises".

Convide um amigo que você acha interessante para ir ao cinema e aproveite cada minuto. Não fique preocupada pensando em como o encontro irá acabar.

SE VOCÊ TEM VONTADE de pegar na mão dele, pegue. Se quer apoiar a cabeça em seu ombro, apóie. Se quer encostar seu cotovelo no dele, qual o problema? Não se preocupe com o que ele vai pensar, se é um gesto precipitado ou se pode significar algo mais. Não é um caso de vida ou morte. Vocês estão apenas assistindo a um filme no cinema, e a maioria dos filmes mostra muito amor e ação, não?

Amor não é como dinheiro. Não é algo para se economizar, investir e usar com cuidado. Amor existe em abundância para todos. Portanto, não precisa guardar o amor na gaveta nem economizá-lo para um dia de mais necessidade.

UMA DAS MARAVILHAS DE SER SOLTEIRA é que podemos experimentar uma grande variedade de tipos de amor. Como não temos um namorado fixo que nos dê todo o seu carinho e apoio, podemos ter várias pessoas para suprir nossas necessidades emocionais.

Toda mulher precisa ter alguém para paquerar, sair, se divertir; alguém que a faça rir, que a ajude nos momentos difíceis e que a abrace quando ela chorar, acalmando-a e mostrando que está tudo bem.

PARA MUITA GENTE, o fato de ter de depender de várias pessoas parece mais um peso que uma vantagem. Afinal, ter um parceiro fixo significa que poderemos contar com ele toda vez que estamos frustradas, nervosas ou contentes. É sempre ele que iremos chamar para jantar, acompanhar-nos ao dentista, ter algumas horas de sexo, emprestar dinheiro ou pedir conselhos. É óbvio e fácil.

Mas caso você ainda não tenha percebido, deixe-me dizer-lhe uma coisa: nem todos os homens são tão flexíveis. O estabelecimento de uma rede de contatos para cada ocasião pode dar um pouco de trabalho no início, mas depois de algum tempo você verá que vale a pena conviver com pessoas de perfis diferentes. Outra vantagem é que você vai se tornar uma mulher muito mais desenvolta, complexa e interessante do que aquelas que dependem sempre do mesmo homem para tudo ano após ano.

Nós, solteiras,
podemos degustar
uma simples limonada,
em boa companhia,
sentadas na varanda.
Pense em como você
pode ampliar e
refinar seu paladar
experimentando todo
sabor que a vida
tem a oferecer.

CERTA VEZ, LI, EM UM ARTIGO daquelas revistas de psicologia populares, que as mulheres solteiras de hoje têm mais habilidade para estabelecer e manter um relacionamento do que as casadas. Por quê? Como não têm o marido para lhes dar todo o apoio emocional de que precisam, elas acabam valorizando muito mais as amizades e fazendo contato com um número muito maior de pessoas. Casais tendem a colocar as amizades em segundo plano, reservando seu tempo livre um para o outro. Já para as solteiras, a amizade é algo bem mais importante.

MINHA AMIGA SCARLETT tem um amigo chamado Ian. Toda terça-feira, ela passa na confeitaria, compra algumas fatias de seu bolo predileto e vai para a casa dele. Ele prepara, então, uma xícara de chá, e os dois saboreiam o bolo e contam o que fizeram durante a semana.

Depois, ele liga o aparelho de som e se senta no sofá, em que ela já está refestelada. Ele lhe faz massagem nos pés e os dois ficam um bom tempo relaxando e ouvindo música. Depois Ian a acompanha até o carro, os dois se abraçam e dizem: "Foi muito gostoso. Até a semana que vem".

ELA TAMBÉM TEM UM AMIGO chamado Matthew. Os dois se conheceram em julho, na festa de aniversário de um amigo em comum. Ficaram amigos na mesma hora. Passaram a festa toda tomando suco e água em vez de bebida alcoólica e acharam a conversa um do outro mais interessante que as fofocas e os comentários sobre a vida de celebridades, assunto comum em todas as rodas.

Ao final da noite se despediram, imaginando que não se veriam mais. Ele morava no Estado de Arizona e estava em Washington a negócios. Mas quando voltou para casa, em Tucson, lembrou-se dela e sentiu saudades. Descobriu seu endereço e lhe enviou um cartão, dizendo que tinha gostado muito de conhecê-la. Ela enviou outro em agradecimento, e os dois começaram a se corresponder por carta. Até hoje, quase um ano depois, ainda não se encontraram pessoalmente, mas se divertem trocando correspondências.

SCARLETT TEM UMA AMIGA chamada Jackie e telefona para ela toda vez que está com vontade de fazer algo totalmente diferente. Jackie tem uma Harley-Davidson vermelha e é dona de um barzinho no centro artístico e cultural da cidade.

Aos sábados, ela promove festivais *revival* e todos vão ao bar usando sapatos plataforma, roupas com lantejoula e brincam a noite toda com bambolês. Nunca se sabe o que vai acontecer quando as duas decidem sair juntas.

Graças a Jackie, Scarlett já viveu grandes aventuras. Em uma delas, foi parar no alto de uma roda gigante com o belo baterista de um grupo de *rock* e os dois trocaram beijos maravilhosos. Também já conheceu pessoas incríveis e lugares exóticos.

SCARLETT TAMBÉM SAI MUITO com Tina, outra amiga. As duas exploram a cidade, jantam em restaurantes da moda ou ficam simplesmente conversando pelo telefone. Trocam idéias sobre cortes de cabelo, maquiagem e exercícios e pedem socorro uma à outra quando precisam de dinheiro ou estão tristes e preocupadas. Também ajudam a pintar a casa uma da outra, saem para fazer caminhadas, trocam presentes, assistem à TV juntas, compram e trocam livros, contam piadas e até brigam de vez em quando.

Para Scarlett, Tina é como uma irmã. Quando está com ela, fica totalmente à vontade, sem precisar pensar no que vai dizer ou em como deve se comportar.

MINHA AMIGA SCARLETT visita o avô sempre que tem tempo. Ele mora sozinho em uma casa na montanha a uma hora e meia da cidade. Quando vai visitá-lo, leva comida congelada e saladas.

Os dois comem e jogam cartas (ele a ensinou a jogar vinte-e-um quando ainda era menina). Ele não é de conversar muito, mas toda vez que ela vai visitá-lo ele lhe dá 50 dólares e diz: "Até logo, menina". Ela então diz que o ama, mas ele só faz um sinal com a cabeça e acena para ela.

UMA VEZ PERGUNTEI a Scarlett se ela não pensava em se casar. Ela disse que sim e que gostaria muito de ter um marido. "Mas teria de ser o homem certo. E isso não é fácil de se encontrar." Scarlett acredita que dificilmente uma única pessoa nos completa totalmente.

Para ela, o crescimento espiritual, emocional e intelectual só acontece plenamente quando convivemos com várias pessoas diferentes. "Meus amigos conseguem me mostrar aspectos muito diferentes de mim mesma, o que eu jamais conseguiria ver se não fosse por eles."

EMBORA SCARLETT DESEJE conhecer a intimidade que só se estabelece com a convivência diária, nos bons e nos maus momentos, no banho ou na cama, não abriria mão dos outros relacionamentos que estabeleceu em sua vida. "Não quero viver para uma única pessoa", diz. "Gosto de dividir meu amor e meu tempo com todos os meus amigos. Gosto de viver assim, de maneira mais complicada."

EU ENTENDO O QUE ELA QUER DIZER. Enquanto estive casada, passava a maior parte de meu tempo livre com Evan. Só de vez em quando arranjava um tempinho na agenda para meus amigos. Na época, eu dizia que valorizava muito minhas amizades. Mas bastava observar minhas atitudes para ver que o único relacionamento que eu realmente prezava era com meu marido.

Evan se tornou meu único amor, minha diversão, meu companheiro de compras, meu mentor profissional, minha fonte de motivação, meu conselheiro, meu amante, meu consolo e meu sonho. Sentia necessidade de depositar nele todas as esperanças, porque fui ensinada, desde a infância, que a única maneira de uma mulher encontrar a verdadeira intimidade era tendo uma relação romântica e monogâmica.

AGORA QUE ESTOU SOLTEIRA há anos e tenho muitos amigos que me oferecem amor e carinho, consigo entender por que me sentia tão sozinha, ansiosa, entediada e limitada enquanto estava casada.

Evan gostava de muitas coisas em mim, mas havia aspectos de minha personalidade que ele não entendia. Como eu não reservava tempo para me relacionar com pessoas que os entendessem, esses aspectos de meu ser começaram a morrer dentro de mim.

AO CONTRÁRIO DOS MITOS e crenças difundidos, concentrar todas as nossas energias em uma única pessoa não satisfaz todas as nossas necessidades nem oferece proteção contra a solidão e o isolamento.

Na verdade, é o inverso. Dedicar a vida a uma única pessoa reduz nossas chances de estabelecer conexões e contatos diferentes e, conseqüentemente, amplia a possibilidade de acabarmos sozinhas e isoladas.

É mais ou menos como passar a se alimentar só de espinafre todos os dias. Comer um pouco de espinafre de vez em quando faz bem, mas é muito melhor quando temos várias opções de verduras e legumes para suprir todas as necessidades de vitaminas e nutrientes do organismo.

HÁ ALGUM TEMPO ME MATRICULEI em uma academia para aprender a dança *lindy hop*. É uma dança de pares, mas a academia não exige que você tenha um par fixo para freqüentar as aulas.

Quem está sozinho dança ao redor dos casais; uma técnica bastante interessante. Formamos círculos concêntricos e um deles lidera enquanto o outro segue. Praticamos todos os passos e aperfeiçoamos a técnica alternando pares ao redor dos círculos para que todos tenham a oportunidade de dançar.

Mas nem todos os casais participam. Alguns pessoas preferem passar o tempo todo dançando só com o parceiro. Os solteiros, no entanto, têm de alternar pares e se acostumar com o toque de diferentes mãos e o contato com diversas pessoas.

VOCÊ DEVE ESTAR IMAGINANDO que os casais aproveitam melhor o curso. Afinal, já conhecem bem seus parceiros e não perdem tempo se ajustando a eles como nós, os solteiros, temos de fazer quando dançamos com alguém que ainda não conhecemos direito. Também pode imaginar que isso facilita o processo de aprendizado porque eles podem relaxar e tentar passos novos mais rápido.

Mas não é bem isso o que acontece. Por incrível que pareça, os solteiros se desenvolvem bem mais rápido, sentem-se mais confiantes e conseguem executar os passos mais difíceis bem antes dos casais que não trocam de parceiro.

NÃO SEI EXATAMENTE POR QUE os solteiros acabam dançando melhor que os casais. Talvez seja porque tentam dar o melhor de si, ouvem mais atentamente as instruções do professor, fazem os exercícios com mais paciência e, principalmente, não querem fazer feio diante de pessoas que ainda não conhecem muito bem.

Já os casais parecem agir de maneira mais casual. Não prestam tanta atenção à postura, à distância, nem se movimentam no ritmo certo. Muitos se frustram logo no início. "Já presenciei várias brigas e discussões", disse um dia a professora. "Mas isso não acontece com os solteiros, pois eles sabem que, para se relacionar e dançar bem com todos, serão obrigados a trocar de parceiro de vez em quando."

Claro, alguns casais dançam bem e não têm esse tipo de problema, mas são exceções. E eu nem posso criticar os que se desentendem e brigam durante o curso porque também passei por isso. Antes de nos casarmos, Evan e eu freqüentamos aulas de dança juntos e não funcionou. Desistimos depois de três semanas.

CREIO QUE O PROBLEMA dos casais que freqüentam aulas de dança é que, quando formam par fixo, um acaba tentando compensar os erros do outro. Mas a dança exige que um dos dois faça a condução e o outro o siga, respondendo suavemente aos movimentos.

A melhor maneira de duas pessoas dançarem bem é compreendendo seu papel na dança e experimentando diversos tipos de conexão, movimentos e estilos.

Casais com par fixo não dançam tão bem porque só aprendem a interpretar os movimentos um do outro. Muitos nem dançam; estão ali apenas para passar o tempo ou satisfazer a vontade de um dos dois.

FOI ISSO O QUE ACONTECEU comigo e Evan. Ele era um tanto tímido e não tinha firmeza na condução; já eu era rápida e ansiosa demais. Ele mal levantava os braços e ficava praticamente parado enquanto eu me movia e girava sem parar.

A professora tentou nos corrigir. "Você tem de ser mais ativo", disse a Evan. "E quanto a você, tem de parar de tentar conduzi-lo." Então passamos três semanas indo à aula de dança e brigando: "Conduza direito!", "Siga meus passos em vez de tentar me conduzir!".

Hoje penso que, se tivéssemos trocado de pares, as aulas teriam dado certo, uma vez que nossa educação não nos permite repreender estranhos. Quem sabe Evan não teria encontrado uma parceira mais passiva, que esperasse sua condução. E eu poderia ter encontrado um homem que me conduzisse com mais firmeza sem esperar que eu assumisse o controle.

DANÇO BEM MELHOR AGORA que sou solteira e devo isso a meus vários parceiros. Matt é vigoroso e imprevisível, James é sutil e delicado, Darren é brincalhão e gosta de experimentar passos novos, Adam se perde e sai do ritmo de vez em quando, mas é tão alegre e divertido que nem me incomodo com isso.

Já Cole é tão atencioso e sensual que, ao me abraçar, dá a impressão de que sou a única mulher que lhe interessa no mundo. Dessa forma, exercito os vários aspectos da minha personalidade para dançar e não troco essa experiência por nada. Sinto que estou crescendo muito com ela.

SE HOJE EU TIVESSE DE DANÇAR com Evan novamente, creio que seria muito diferente, pelo menos da minha parte. Saberia esperar sua condução, atenta a cada passo.

Ao final da música o abraçaria, agradeceria e o deixaria livre para dançar com as outras alunas. Não insistiria para que ficasse somente comigo nem o forçaria a dançar apenas do meu jeito.

DANÇAR NÃO É ALGO que se faz com a mente. É um exercício que envolve o corpo todo. A mente pode ajudar a compreender a técnica no início, mas a melhor maneira de dançar é deixar de lado os pensamentos.

Uma mulher só aprende a fazer isso quando se entrega completamente ao momento e permite que cada célula de seu corpo sinta o prazer de ser conduzida pelo salão e de experimentar novos movimentos.

A MELHOR MANEIRA DE DANÇAR é parar de se preocupar. "Será que estou fazendo direito? Não estou fazendo papel ridículo? Será que ele está gostando de dançar comigo?" O mesmo acontece com o amor. Ele só acontece quando paramos de analisar e de tentar decifrar seu sentido, ou seja, de maneira espontânea e não quando o reservamos apenas a um grupo seleto.

Sua mãe, seus irmãos, o rapaz com quem você começou a sair, seu chefe, o garçom que sempre a atende, seu vizinho chato, o garoto por quem você era apaixonada na escola, sua melhor amiga, os conhecidos que você encontra sempre, aquele chato que telefona bem na hora em que você está iniciando a refeição... você pode amar a todos eles.

6

Amo a quem não me ama, e a quem me ama não amo

Uma das coisas mais complicadas da vida de solteira é lidar com o amor não correspondido. Estamos sempre nos esquivando das cantadas de homens que não queremos ou tentando chamar a atenção dos que não nos querem.

FIQUEI ENCANTADA QUANDO o rapaz à minha frente na fila de uma lanchonete se virou e disse: "Belo casaco!". Um elogio é sempre bem-vindo. E aquele veio justamente em um momento em que eu precisava muito. Tinha acabado de terminar o relacionamento com o primeiro namorado sério que tive depois de meu divórcio. Gostava muito dele e a separação me deixou deprimida.

Era inverno. O casaco que eu estava usando era vermelho metálico, muito quentinho e, na minha opinião, muito bonito. Mas meu ex-namorado o detestava e não tinha a menor vergonha de dizer. Quando terminamos o namoro, fiquei me questionando sobre o fato de ele não gostar de minhas roupas. Claro, não foi este o motivo de nossa separação, mas fiquei imaginando como seria se eu usasse roupas mais clássicas.

AGRADECI A MEU COMPANHEIRO de fila pelo elogio. "É muito bom saber que alguém gostou. Às vezes acho este casaco chamativo demais." Ele balançou a cabeça e disse: "Muito ao contrário. É lindo". Peguei meu café e fui me sentar, feliz.

O comentário sincero daquele homem foi realmente um presente dos céus e um lembrete de que sou bonita, sedutora e que há muitos homens que gostam do meu estilo de ser e de vestir.

MAS, INFELIZMENTE, meu momento de alívio existencial durou pouco. Enquanto estava à mesa tomando o café e lendo um jornal, o homem que me elogiou me trouxe um cartão dizendo: "Gostaria de ver você novamente".

Pronto. Estragou tudo. Tinha ficado muito feliz com o elogio, mas não estava interessada em sair com ele ou com qualquer outro naquele momento. Ainda sentia muita saudade de meu ex-namorado. Além disso, não acredito em romances que começam com cantadas e, mesmo que acreditasse, aquele homem não era o meu tipo.

JÁ IA AGRADECER E DECLINAR do convite quando ele me interrompeu e disse: "Estou com pressa e não tenho muito tempo para conversar agora, mas pode me telefonar".

Saiu rápido então, e me deixou ali, perplexa e ofendida. "Que falta de educação!", pensei. "Um homem que quer sair com uma mulher não joga um cartão para ela e sai correndo desse jeito. Espera, pelo menos, ela responder. Covarde! Idiota!" E assim terminou meu momento de glória.

GUARDEI O CARTÃO DURANTE algum tempo na carteira e tinha a impressão de sentir, literalmente, a ansiedade daquele homem esperando minha ligação. Fiquei me perguntando o que deveria fazer.

Um encontro com ele estava fora de questão, pois há muito tempo aprendi que encontros por obrigação ou pena jamais dão certo. Acabam sempre em decepção e paixão não correspondida. Mas deixar de dar a aquele homem ao menos uma satisfação não era justo. Está certo que ele foi rude, mas não parecia ter más intenções. Pelo comentário que fez, pareceu ser do tipo observador e sensível, que merece ser dispensado com tato.

Quanto mais pensava no assunto, mais irritada ficava, até que cheguei ao meu limite. Estava me sentindo pressionada e já tinha preocupações suficientes para me ocupar. A última coisa que precisava era ficar pensando em como dispensar um estranho.

FIQUEI TRÊS DIAS REMOENDO aquela situação até que, de repente, tive uma inspiração enquanto terminava um trabalho urgente.

A sensação começou em meu peito, foi tomando conta do corpo todo e de minha mente. Não era uma idéia distante, mas uma voz bem clara: "Seja honesta. Seja humilde. Seja gentil. Lembre-se de que você já esteve na mesma situação". Era a voz do meu subconsciente ecoando em meu ego e vindo à tona.

Todos temos conexão com
o divino e acesso à verdade.
Cada um de nós tem um lado
inocente, puro e generoso.
Quando se ouve essa voz que
vem de dentro, ficamos aliviados,
leves e em paz. Sempre que
agimos motivados por essa voz,
jamais erramos. Enxergamos com
clareza o caminho certo.

A VOZ DENTRO DE MIM estava certa. Eu já tinha passado pela mesma situação. A única diferença é que os papéis estavam invertidos. Eu é que tinha dado meu telefone a um homem que conheci em uma lanchonete. Era o garçom.

Senti uma espécie de conexão magnética com ele quando veio anotar meu pedido. Isso não é comum de acontecer. Mas parece que só eu senti algo diferente. Anotei meu telefone em um guardanapo e passei a ele, mas a resposta foi apenas um sorriso e a frase "Desculpe, mas tenho namorada". Percebi, pelo tom de voz, que estava mentindo.

QUANDO MINHA MENTE subconsciente me lembrou desse incidente, a raiva que sentia pelo homem que me deu o cartão da lanchonete se transformou em empatia.

Lembrei-me de como me senti atraída por aquele garçom e percebi que o homem na fila muito provavelmente entendeu meu sorriso de agradecimento como disponibilidade para um encontro.

NA MANHÃ SEGUINTE, peguei o cartão e telefonei para ele. Rezei para que a ligação caísse na caixa postal, mas ele mesmo atendeu, colocando à prova toda a minha coragem. Disse então, da maneira mais direta possível, que fiquei honrada com seu interesse, mas que ainda estava sofrendo por causa de meu ex-namorado e que não me sentia à vontade para me relacionar com outros homens.

Agradeci novamente por ter elogiado meu casaco e lhe disse que meu ex detestava aquela peça de roupa e que seu comentário me fez sentir melhor. Pedi também que não se zangasse comigo e que não deixasse de se aproximar de outras mulheres por causa disso. Ele me ouviu atentamente, sem interromper, e depois respondeu: "Puxa, este foi o 'não' mais sincero que já ouvi. Obrigado". Então desejamos boa sorte um ao outro e nos despedimos.

No final das contas,
creio que eu soube lidar bem
com a situação. E ele também.
Foi muito gentil e ouviu com
paciência tudo o que eu tinha
a dizer, mesmo não sendo
o que esperava.
Não é fantástico quando
duas pessoas são gentis uma
com a outra mesmo quando
discordam sobre determinado
assunto ou desejam coisas
totalmente diferentes?

UMA COISA BASTANTE DIFÍCIL de se fazer quando se é solteira é manter o coração aberto. Parece que estamos sempre ouvindo um "não"; sempre rejeitando alguém ou sendo rejeitadas.

Com isso, perdemos as esperanças, os bons contatos, deixamos de estabelecer relacionamentos de afeto recíproco e quase nunca atingimos nossas expectativas.

Não é à toa que construímos tantas muralhas ao nosso redor, que nos sentimos desiludidas e acabamos nos tornando cínicas e amargas. É muito difícil vivenciar "sim" e "não" ao mesmo tempo.

LORETTA JÁ SE DECEPCIONOU muito afetivamente. Amou um homem que a traía, outro que a criticava o tempo todo e outro ainda que dizia que não queria filhos enquanto estava com ela, mas assim que terminou o relacionamento arranjou outra com quem teve um menino.

Então se apaixonou por um homem extremamente carinhoso e com quem se dava muito bem. Namoraram durante dois anos e ela estava certa de que iriam acabar se casando. Mas, no final, por razões que ela até hoje desconhece, acabaram se separando.

DESDE ENTÃO, Loretta conheceu outros homens, mas ainda desejava encontrar um com quem tivesse plena afinidade, alguém que tivesse a impressão de ter conhecido a vida toda. Mas como isso estava demorando a acontecer, resolveu tomar as rédeas da situação e se inscreveu em uma agência eletrônica de encontros.

Uma semana depois, já tinha um candidato. Foi ao encontro muito animada, mas se desapontou logo à primeira vista. O homem havia mentido sobre sua altura e provavelmente usou *photoshop* para melhorar sua aparência na foto que aparecia no *site* com suas informações.

A NOITE FOI FICANDO cada vez pior. Ele disse: "Não costumo sair com mulheres da sua idade. Vocês costumam ser muito amargas e loucas para ter filhos. Isso me incomoda muito".

Ela não conseguia acreditar no que estava ouvindo. Teve vontade de atirar o cardápio no rosto dele e sair gritando. Tinha pouco mais de 30 anos e ele quase 50. Como podia dizer aquilo? Porém, em vez de um escândalo, decidiu fazer algo que jamais fizera: saiu e o deixou falando sozinho.

MAS AS PALAVRAS DELE não lhe saíam da cabeça. Vinham a todo momento enquanto fazia compras ou tomava banho. Isso a irritava cada vez mais. Desejou coisas terríveis a ele: que gastasse muito dinheiro com dentistas e que o tratamento nunca desse certo. Que ele tivesse de passar o resto da vida gastando dinheiro.

Odiava cada vez mais aquele homem. "É um grande idiota, burro e egocêntrico", repetia para si mesma. As coisas continuaram assim durante algumas semanas até que, uma noite, voltando de um cansativo dia de trabalho cheio de reuniões, lembrou-se das palavras dele mais uma vez. Mas, em vez de xingar, como sempre fazia, começou a chorar. Foi um ataque de choro tão incontrolável que ela teve de parar o carro e ficar ali uns 40 minutos.

QUANDO FINALMENTE CONSEGUIU parar de chorar, percebeu que, embora aquele homem fosse um tolo e que havia feito muito bem em sair deixando-o sozinho, ele tinha certa razão: ela estava se tornando uma pessoa amarga. As feridas do passado estavam se tornando uma espécie de escudo ao seu redor. "Não acredito mais nos homens. Estou cansada de me desiludir. Não me deixo mais levar pela emoção mesmo quando alguém se aproxima de mim, ainda que seja o homem mais interessante do mundo."

Enquanto refletia, descobriu que sempre se sentia mal depois de um encontro, fosse ele bom ou ruim. "Decidi então que ainda era melhor sair de um relacionamento aberta a novas possibilidades do que me fechar totalmente, pois ao menos teria sido uma tentativa."

Conselho de Loretta: faça as pazes com o seu passado antes que comece a projetar suas mágoas nos homens do presente.

É PROVÁVEL QUE VOCÊ esteja reduzindo suas expectativas em relação ao amor, achando que nenhum homem no mundo vale a pena e que todos vão magoá-la.

Mas essa não é uma simples projeção. É um auto-envenenamento que só vai tornar seu coração mais duro, reduzir suas perspectivas e transformar você em uma pessoa desagradável e sem graça.

Não importa quantas vezes você tentou encontrar o tipo de homem que deseja e não conseguiu. Ele existe. Lembre-se de que o amor surge onde menos se espera. Seja otimista e não deixe de lado as esperanças.

A MÁ NOTÍCIA É QUE você pode se machucar vivendo de maneira assim aberta. Vai se desiludir mais do que a maioria das pessoas. Mas isso, no fundo, é muito bom.

Quem quer ser apenas um número nas estatísticas, afinal? Quem quer seguir o mesmo caminho certo e socialmente correto a vida toda? Não devemos procurar apenas um padrão, e sim tudo o que a vida pode nos oferecer de excepcional, milagroso e divino.

A boa notícia é que, se você ainda consegue se desiludir, isso é sinal de que está viva, que tem esperanças e que ainda é capaz de dar amor. Ninguém morre por causa de uma decepção amorosa. Não é uma doença fatal. A dor de uma perda amorosa tem cura, só não tem prevenção.

QUANTAS VEZES SENTI A DOR imensa e profunda de uma desilusão. Fiquei arrasada quando Evan e eu tivemos uma discussão séria e concluímos que nosso casamento não estava dando certo; quando meu ex-namorado disse que detestava meu casaco vermelho durante um jantar em um restaurante chinês; quando Colin Darington fingiu torcer o tornozelo para não dançar comigo no primeiro baile da escola; quando minha colega me disse, na semana passada, que não sou exatamente bonita e quando os editores de jornais, revistas, jornais *on-line* e de grandes editoras recusaram meu trabalho. Minha lista de desilusões é imensa e tenho certeza de que a sua também é. Temos muitas decepções para lembrar e contar.

MAS COMO FAZER AS PAZES com toda essa dor para que ela não nos transforme em pessoas amargas, nem sabote nossas chances de ter um futuro melhor?

Tenho uma amiga psicóloga que sempre me diz: "Permita-se sofrer, sofrer e sofrer. E, quando a dor passar, quebre a rotina e siga em frente".

O que ela quer dizer é que devemos encher a banheira de água com essências e chorar tudo a que temos direito; tirar uma longa soneca no fim da tarde; não sorrir se não estamos com vontade e quando a tristeza nos invade, tentar renovar as energias.

Saia para caminhar, matricule-se em um curso de artesanato, dê uma festa. Sofra, não tente fugir da tristeza e, quando ela diminuir, quebre a rotina, faça algo diferente e siga em frente.

QUANDO SE TRATA DE ROMANCE, de amor não correspondido e de desilusões amorosas, a questão do tempo é a que menos importa.

Dói muito saber que um relacionamento não fluiu como desejávamos ou que acabou sem mais nem menos. Mas às vezes um primeiro encontro que não dá certo nos deixa mais arrasadas que um relacionamento que durou anos.

PRECISAMOS ENCARAR A DOR e a tristeza, mesmo que isso nos faça sofrer. Minha amiga Loretta aprendeu que "se não deixamos nossas mágoas ou nossa raiva se manifestarem, elas se acumulam e acabam destruindo nossa alegria e nosso prazer de viver. Esses sentimentos são fundamentais. Nada no mundo nos faz feliz se o espírito da alegria já morreu dentro de nós. A alegria é que faz a vida valer a pena".

7

Ela fez o impossível

Há sempre uma chance de
aprender algo novo, de quebrar
a rotina, de diminuir a ansiedade
e o sofrimento, e de amar.
Essas oportunidades existem
enquanto você estiver aberta a elas.
A vida só acaba quando você se
fecha para o mundo.

MINHA MÃE NÃO ESTAVA CASADA quando nasci. Conheceu de perto a tristeza, a solidão, a humilhação e o desespero. Sabe muito bem o que é desejar ter uma vida diferente, orar e não obter resposta, além de ter muitas histórias tristes para contar.

Mas, acima de tudo, minha mãe tem muito que contar sobre otimismo, persistência e sucesso, como também histórias maravilhosas sobre milagres e a alegria de viver. Sua criatividade, sua gratidão e sua forma maravilhosa de enxergar a beleza nas coisas mais simples são contagiantes.

AOS 23 ANOS, MINHA MÃE se casou com um colega de faculdade a quem amava muito. Mas, quando tinha 29, aquele homem perfeito, bonito e protetor morreu de ataque cardíaco. Com 31 anos, conheceu o homem que se tornaria meu pai, com quem se casou mais por medo de ficar sozinha do que por amor.

Após dois anos, ele foi embora com outra mulher, levando todas as economias de minha mãe. Então ela se viu, aos 35 anos, viúva, separada, morando em uma casa grande, em um bairro distante, com uma filha recém-nascida e muitas dívidas.

MINHA MÃE SONHAVA, desde menina, em se casar. Seu objetivo de vida era construir a vida ao lado de um homem. Viagens pelo mundo, estudo, carreira, casos de amor, nada disso lhe interessava tanto quanto um companheiro para a vida toda.

Quando eu tinha quatro anos, ela conheceu um homem que, segundo ela, era de tirar o fôlego. Chamava-se Ashoka e, no primeiro encontro, quando os dois passeavam pelos corredores de uma pequena livraria, ela esticou o braço para pegar um livro e ele colocou a mão sobre a dela.

Com aquele gesto simples, Ashoka conseguiu transmitir à minha mãe um carinho e uma compreensão que ela jamais sentira. Por que não ficaram juntos? Bem, além de ser cigano, Ashoka era um grande intelectual, vivia em busca do caminho espiritual, e não estava preparado para estabelecer domicílio fixo com uma mulher e uma criança.

OS DOIS TIVERAM um relacionamento longo que não daria para eu descrever aqui. Mas o principal dessa história é que, dez anos depois, Ashoka descobriu que tinha câncer e entrou em estado terminal. Lá estava minha mãe, novamente, em meio a uma situação difícil e de grande sofrimento por causa de um homem.

Imagino como deve ter se revoltado e até se questionado sobre o que tinha feito de tão grave para merecer uma vida assim. Também deve ter se sentido culpada, punida, com pena de si mesma e muito sozinha, vivenciando um turbilhão de emoções.

MESMO EM MEIO A UM TURBILHÃO, porém, não havia espaço para sentimentos em razão de ter uma filha adolescente em casa e um homem à beira da morte em sua cama.

Hoje, como mulher adulta, recordo-me de tudo aquilo e me pergunto de onde minha mãe tirava energia para trabalhar o dia inteiro, lavar roupa, cuidar da casa, do companheiro doente e ainda preparar minha lancheira para a escola, colocando sempre nela um bilhete com as palavras "eu te amo".

Conheço histórias de mulheres no mundo todo que encontram energia para superar dificuldades como essas ou ainda maiores. Cada vez que penso nelas e em minha mãe, fico mais surpresa com sua humildade, força e capacidade.

AO MORRER, ASHOKA DEIXOU para minha mãe algum dinheiro e um livro de papel machê. Ela já havia se interessado por esse tipo de arte quando ele ainda nem estava doente.

Um dia, os dois estavam passeando por uma loja de mobília artística quando se depararam com uma enorme tigela de papel machê sobre um pedestal perto da entrada. Minha mãe se apaixonou pela peça.

Ashoka quis comprá-la mas ela jamais o deixaria gastar 300 dólares com aquilo. Ele insistiu, mas ela foi firme: "Você não vai gastar seu dinheiro com isso. Eu mesma poderia fazer uma dessas em casa. Vou aprender a técnica".

Saíram da loja sem a tigela. Somente depois que Ashoka morreu e lhe deixou o livro de presente, ela resolveu aprender a trabalhar com papel machê.

FORAM 13 ANOS DE MUITO TREINO, aperfeiçoamento e papel estragado até ela dominar totalmente a arte de trabalhar com papel machê. Hoje ela confecciona braceletes, pulseiras e tigelas com flores pintadas à mão, figuras dos guardanapos de papel enfeitados que coleciona há anos ou qualquer tipo de papel que chame a atenção.

Em dezembro do ano passado, expôs suas peças em uma galeria e vendeu 12 braceletes e uma bela tigela preta e branca. Cheguei à conclusão de que minha mãe já fez de tudo: foi filha, esposa, viúva, aluna, assistente social, divorciada, mãe solteira, palestrante, acompanhante de crianças e idosos e agora, aos 62 anos (bem vividos), tornou-se uma artista!

Minha mãe grava, no lado interno de todos os braceletes, a frase: "Ela fez o impossível". Adoro isso. Transmite a idéia de que todos nós somos chamados pelo mundo a realizar o impossível de vez em quando e muitos encontram forças, só Deus sabe de onde, para fazer isso o tempo todo.

UMA DAS MAIORES HERANÇAS que temos neste mundo é a sabedoria das mulheres que vieram antes de nós. Enquanto somos jovens, não sabemos coisa alguma. Somos simples crianças aprendendo a engatinhar. Não temos de ser sábias durante a juventude. Basta termos humildade, respeito e nos inspirarmos nas gerações anteriores.

Vamos aprender a falar menos e ouvir mais e admirar a beleza em todas as idades em vez de nos gabarmos de nossos atributos de mulheres jovens; além disso, reverenciar a vida com sabedoria e modéstia, pois teremos sorte se chegarmos aos 60 anos. Ou aos 80. Ou, quem sabe, aos 100.

QUANDO SUA VIDA DE SOLTEIRA lhe parecer vazia e sem graça e você estiver revoltada, sozinha e sem esperanças, não peça conselhos apenas aos seus amigos e às pessoas de sua mesma faixa etária e cultura. Fale com uma mulher mais velha a qual você admira. Peça que lhe conte sobre os maiores problemas que enfrentou na vida e como lidou com cada um deles. Ouça atentamente o que ela tem a dizer e, com certeza, irá aprender muito.

NA SEMANA PASSADA, saí com uma conhecida para tomar uns drinques após o trabalho. Entre copos de gim com tônica e camarões crocantes, ela me contou que pensava em fazer aplicações de botox na testa. Mas ela só tem 28 anos!

Vinte e oito anos e uma pele tão vistosa e com tão poucas rugas que só se enxergam com uma lente de aumento. Disse também que quer fazer cirurgia plástica na barriga, lipoaspiração nas coxas e tirar a pele flácida da parte de trás dos braços. "Quero fazer tudo isso!", exclamou. Vinte e oito anos e já pensa em cirurgia...

UMA DAS CLIENTES DA ACADEMIA em que trabalho tem bem mais de 28 anos, não fez aplicações de botox e nenhum tipo de cirurgia e é uma mulher muito bonita.

Seus cabelos são brancos e ela os usa soltos, cortados um pouco abaixo do queixo. Possui linhas de expressão ao redor dos olhos e dos lábios e sua pele é sardenta por causa da exposição ao sol. Quatro vezes por semana ela vem se exercitar na esteira, na bicicleta e depois faz sessões de alongamento na sala de baixo.

Adoro olhar para ela e sentir a força e a segurança que ela transmite. É alegre, com um tipo de beleza que não se cria em clínicas de cirurgia, e nem se sente ameaçada por mulheres de 28 anos.

ESPERO ENVELHECER como essa mulher que freqüenta a academia e não como minha conhecida de 28 anos. Não quero passar o resto da vida tingindo os cabelos, atrás de injeções que destruam minha expressão facial, nem me submeter a cirurgias somente por vaidade, entregando-me à obsessão destrutiva de ter uma aparência jovem e idéias absurdas de perfeição.

Quero aproveitar cada ano da vida e sentir que minha beleza se mantém e aumenta com a idade, mas não que está desaparecendo. Quero ser forte. Quero aprender e valorizar a sabedoria e, principalmente, estar sempre de braços abertos para a alegria.

QUERO APROVEITAR tudo o que a vida tem a me oferecer e conhecer os mistérios e a ordem natural das coisas. Não quero viver em função do relógio e sim um momento de cada vez. Também não quero viver dentro dos prazos de uma agenda ou eternamente desesperada, perguntando-me: "Quando vou conhecer o homem certo? Quando vou ter um filho? Quando vou conseguir publicar um livro? Quando vão surgir meus primeiros cabelos brancos? Quando vou ficar famosa? Quando vou morrer?".

Desejo esperar pelos acontecimentos exatamente como uma criança aguarda o Papai Noel: alegre e cheia de esperança. Quero aproveitar ao máximo cada presente que receber, e viver, simplesmente viver, até o último instante de minha vida.

TENHO UMA FOTOGRAFIA de minha mãe com oito anos. Usava vestido, sapatos brilhantes de couro preto e estava em pé, na calçada em frente à casa onde cresceu. Tinha uma das mãos na cintura e seus lábios estavam franzidos, como se estivesse mandando um beijo. Seus olhos brilhavam e pareciam dizer: "Venha, mundo! Estou pronta para você! Pegue minha mão e vamos!".

TENHO OUTRA FOTO que foi tirada no ano passado. Ela ainda tem o mesmo olhar doce, inocente e alegre de quando tirou a outra, há mais de 50 anos.

A maneira de olhar para a câmera e o sorriso mostram que ela não deixou as dificuldades da vida abalarem seu espírito. Sofreu muito, teve muitas decepções, mas não permitiu que o sofrimento se tornasse parte de seu ser.

É assim que devemos viver:

sendo fortes e gratas à vida.

É importante, além disso, sermos

gentis, humildes e pacientes.

Ademais, temos de ter objetivos

e prestar atenção a tudo na vida.

Lembre-se: ser solteira não é fácil,

mas também não é tão difícil assim.

OH, TRISTEZA! NÃO A CONVIDEI a entrar em meu coração, mas você veio e sei que vai voltar ainda outras vezes. Está certo, então. Vou chorar com você até minhas lágrimas secarem e depois vou lhe pedir para sair porque tenho outras companhias mais interessantes que a sua.

Se você se recusar a ir embora, vou desmanchá-la em um bom molho marinara, enchê-la de orégano e salsinha e servi-la em um belo prato de espaguete. Em seguida, vou misturá-la ao papel machê e gravar seu nome nas pulseiras e tigelas. Você vai comigo para minhas aulas de teatro para me ajudar a declamar versos e monólogos, os mais belos de minha vida. Vou dançar com você pela pista, prendê-la na traseira de minha bicicleta e levá-la a um grande passeio pela cidade e por todo o país. Vamos assistir ao pôr-do-sol e você vai dividir comigo a escuridão até que a lua e as estrelas nos iluminem. Vou arrastá-la comigo por onde for até que seu peso insuportável se transforme e dê lugar à beleza e à leveza que só a alegria tem.

O propósito da vida
não é encontrar o homem
ideal e completo, nem ter
filhos, fama e dinheiro.
O propósito da vida é
encontrar dentro de
você um lugar de paz
e otimismo tão grandes
que nada neste mundo
pode abalar.

Oh, querido Deus!
Não sei qual será meu futuro
nem tenho como desfazer
os erros do passado. A única coisa
que posso fazer é me entregar à vida,
abrir os braços e dizer ao universo:
"Estou aqui, divina incerteza!
Venha, estou pronta. Sou forte,
sou solteira, sou bela e sou feliz
porque estou viva!".

Robert Holden

MUDANÇAS ACONTECEM!

Você pode – e deve! – mudar sua vida para melhor. A saúde, a prosperidade, o amor, a paz e o sucesso estão ao seu alcance neste incrível *best-seller*. Livre-se – de uma vez por todas – da mágoa, da insegurança e da desilusão... Afinal, o que você está esperando?

Robert Holden

FELICIDADE JÁ!

É hora de ser feliz! A felicidade está ao alcance neste guia excelente, de quem pretende encontrar a realização pessoal. Páginas vibrantes de um incrível manual, repleto de recomendações práticas para aqueles que desejam viver em paz, livres e felizes...

Robert Holden

RIR AINDA É O MELHOR REMÉDIO

A felicidade e o sucesso estão mais perto de quem é bem-humorado. Rindo, nos libertamos de todas as tensões do dia-a-dia. A medicina do riso não é nenhuma novidade: os efeitos saudáveis da alegria de viver encontram-se no hinduísmo, no islamismo, no taoísmo, no judaísmo e no cristianismo...

Joanna Campbell-Slan

VOCÊ PODE MUDAR SUA VIDA

Em trinta dias, você vai ganhar uma saudável modificação no seu modo de pensar. Neste livro extraordinário um completo programa de transformação pessoal, para vencer dificuldades e viver melhor o dia-a-dia – de bem com você, com os outros e com Deus.

David Kundtz

MOMENTOS SERENOS (1 e 2)

Aprenda a dizer adeus ao estresse e dê boas-vindas à paz, à serenidade e à saúde! Psicoterapeuta de renome, escritor de sucesso e profundo conhecedor dos motivos que levam ao cansaço da mente e ao desânimo, David Kundtz ensina, nestes livros de bolso, como lidar com o desgaste do dia-a-dia.

Vera Peiffer

ESTRESSE? LIVRE-SE DELE!

Livre-se do estresse antes que ele prejudique sua saúde, sua carreira profissional, sua vida familiar e amorosa... Com a ajuda deste livro, agora é possível lidar com o estresse e evitar seus efeitos negativos. Entenda como isso é possível e aprenda alguns exercícios que já ajudaram milhares de pessoas.

Catherine Lanigan

UMA AJUDA LÁ DE CIMA

Catherine Lanigan está mais do que certa de que os anjos existem. Neste livro, além das histórias incríveis que comprovam essa afirmação, a escritora descreve suas próprias experiências espirituais, com a intenção de que o leitor descubra como é possível receber a ajuda do Céu.

Catherine Lanigan

NA PROTEÇÃO DOS ANJOS

É possível viver melhor com a providencial ajuda dos anjos! A autora nos aproxima desses verdadeiros agentes da felicidade, ampliando nossa visão espiritual. É tempo de despertar para uma vida melhor: aprenda a contar com a proteção e a inspiração dos anjos!

Catherine Lanigan

QUANDO OS ANJOS NOS PROTEGEM

Depoimentos incríveis e diversos relatos que comprovam a intervenção dos anjos em nossa vida. Aprender a escutá-los, nos inspirando em suas sugestões, é abreviar o caminho que nos conduz na direção da felicidade! Lembre-se: para os anjos, tudo é possível...

Margaret Smith Peet & Shoshana Zimmerman

SE O MEU MÉDICO DIZ QUE ESTOU BEM... POR QUE ME SINTO TÃO MAL?

A saúde do corpo e da alma! Um guia prático para prevenir doenças muito antes dos primeiros sintomas baseado em práticas orientais milenares associadas à medicina ocidental. Conheça seu tipo físico e a dieta mais adequada às suas necessidades.

Doutor Descalço

LIBERTE-SE

Cure sua vida! Livre-se, agora mesmo, do medo, do estresse, da depressão, da doença, da solidão e dos problemas do dia-a-dia. O doutor Descalço resgata, neste livro ilustrado, a antiga tradição oriental dos abnegados "doutores descalços".

Susan Kerr

SISTEMA DE MEMÓRIA DA ALMA

Para evitar os "curtos-circuitos" da alma – doenças, fracassos, solidão, depressão – ligue-se, agora mesmo, no Sistema de Memória da Alma. Aprenda a controlar melhor suas emoções, evitando represar energias negativas nos *chacras*.

Frank C. Tribbe

JOSÉ DE ARIMATÉIA

Romance histórico revelador que reconstitui momentos decisivos da peregrinação de Jesus. Nele, o Mestre e seus discípulos apresentam-se como nunca foram vistos. Siga seus passos, ouça suas palavras. Conheça um pouco da sua mocidade. Acompanhe-o em sua sublime peregrinação.

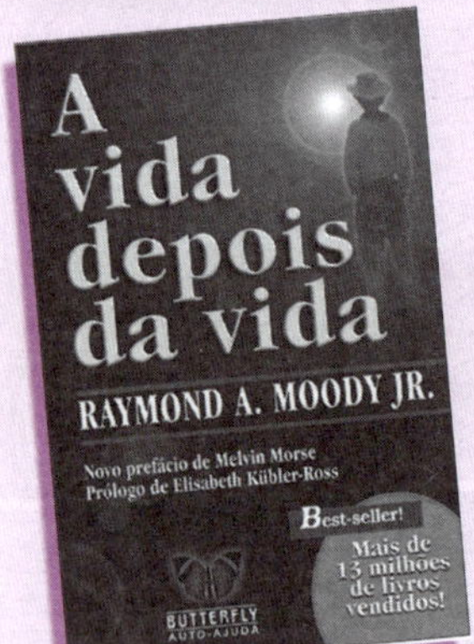

Raymond A. Moody Jr.

A VIDA DEPOIS DA VIDA

Relatos verídicos de experiências de quase-morte de pessoas consideradas clinicamente mortas e que retornaram à vida levam os pesquisadores a acreditar na vida depois da morte. *Best-seller* que já vendeu mais de 13 milhões de exemplares no mundo inteiro.

Francisco Cândido Xavier

DESPERTAR

Mensagens do Espírito André Luiz, ilustradas por sugestivas fotos, que contribuem para fixar a essência de belíssimos ensinamentos. Leitura indicada para todos os dias: aberto ao acaso, conduz na direção de valiosas reflexões que consolam e harmonizam o coração.

Egidio Vecchio

EDUCANDO CRIANÇAS ÍNDIGO

Quem são as crianças índigo que estão nascendo por toda parte e que tratam os adultos de igual para igual? Por que são tão questionadoras? Como educá-las para que cresçam saudáveis e integradas à família e à sociedade? Pais, educadores e profissionais da área da saúde precisam deste livro, único no seu gênero.

Lee Carroll & Jan Tober

CRIANÇAS ÍNDIGO

Preparadas na espiritualidade, são diferentes e estão nascendo em todos os continentes. Neste livro – traduzido para vários idiomas, *best-seller* nos Estados Unidos – pais, educadores e psicólogos encontram tudo o que precisam saber para entender e conviver com as crianças índigo – líderes de um mundo em transformação.

Jennie Hernandez Hanks

O SEGREDO DO RELACIONAMENTO COM OS FILHOS

Seus filhos estão descontrolados ou rebeldes? Experimente o genial método de trocas de Jennie. Seguindo corretamente esse revolucionário sistema, seu filho vai mudar radicalmente para melhor! Sugestões exemplificadas, fáceis de entender e colocar em prática!